用幽默的心情，面對不如意的事情

Face unhappy with Humor

用幽默面對生活的處世智慧

《罵人不必帶髒字》
系列暢銷作家
文彥博 編著

作家哈代曾經寫道：

「人生裡有價值的事情並不是人生的美麗，而是用幽默的心情去看透人生的酸苦。」

確實，現實生活中隨時有意外降臨，也難免有不如意的情況發生，與其一味抱怨、懊惱，不如用幽默的方法表達自己的想法。

用幽默面對生活中的各種難題，無疑是最好的處世智慧，

只要能用輕鬆的心情去面對不如意的事情，就能避免很多不必要的衝突、矛盾、爭論、對立。

● 文彥博

出版序

用幽默的心情，面對不如意的事情

幽默的人碰到情緒問題時，不會一下子爆發，反而能從問題點尋找發洩的管道，苦中作樂，享受一個沒有悲苦的人生。

　　作家哈代曾經寫道：「人生裡有價值的事情並不是人生的美麗，而是用幽默的心情去看透人生的酸苦。」

　　確實，現實生活中隨時有意外降臨，也難免有不如意的情況發生，與其一味抱怨、懊惱，不如用幽默的方法表達自己的想法。

　　人生處處是意外，假如在餐廳裡的啤酒杯中發現蒼蠅，身為顧客的你，將怎樣處置呢？據說，以下是六個國家的人不同的處理方法。

　　英國人會以紳士的態度吩咐侍者：「換一杯啤酒來！」

　　法國人會將杯中物傾倒一空。

　　西班牙人不去喝它，只是留下鈔票，不聲不響地離開餐廳。

　　日本人會令侍者叫來餐廳經理訓斥一番：「你們是這樣做生意的嗎？」

　　沙烏地阿拉伯人則會把侍者叫來，把啤酒遞給他：「我請你喝！」

　　美國人比較幽默，會向侍者說：「以後請將啤酒和蒼蠅分

別放置，由喜歡蒼蠅的客人自行將蒼蠅放進啤酒裡，你覺得怎樣？」

喜劇泰斗卓別林曾說過：「如果用特寫鏡頭看生活，生活就是一場悲劇；如果用長鏡頭看生活，生活就是一場喜劇。」

藉著幽默的方式，將所有的不滿和不快用一笑帶過，就是懂得「用幽默可破沈默」的人，也是處世圓融的人。

面對不如意的事情，最好能用幽默的心情坦然接受。

羅曼諾索夫是十八世紀俄國偉大的學者、詩人和教育家，為了發展俄國的科學事業，不斷與科學院的官僚勢力和上層貴族鬥爭。

有一天，他和宮廷貴族舒瓦羅夫伯爵因為一個問題爭吵起來，彼此都出言不遜。伯爵自恃地位顯赫，惱羞成怒地嚷道：「我要把你開除出科學院！」

羅曼諾索夫反倒神色泰然地回答：「請您原諒，無論怎樣，你也絕不能把科學從我身上開除出去！」

詩人薩克雷曾經說過：「可以這麼說，詼諧幽默是人們在處理人際關係時，所穿的最漂亮的服飾。」

其實，幽默是人的情感最自然的流露，直接聯結在對方的本性上，它不僅可以像潤滑油一樣滋潤你的人際關係，也可以讓你處世更加圓融。

為了跑到新聞，美國知名的記者哈里‧羅曼諾夫常常不擇手段，使用他的絕招，在電話裡騙新聞。

　　有一次，聽說在某地發生了員警和罪犯的槍戰，一些員警受了傷，被送到一家醫院治療。哈里・羅曼諾夫得知這個獨家新聞以後，立刻冒充警察局長，準備「誆騙」新聞。他打電話到這家醫院之後，裝模作樣問道：「我是警察局長，你們那裡現在的情況怎麼樣？」

　　對方十分耐心地向「警察局長」報告情況，介紹了不少別人還不知道的消息。

　　哈里・羅曼諾夫非常感動，打算在自己的報導裡把這位訊息提供者的姓名公佈出來，於是，便很客氣地說：「謝謝你！請問，你是哪一位？能告訴我你的姓名和職業嗎？」

　　結果，對方的回答令哈里・羅曼諾夫大吃一驚：「我是警察局長菲茨莫里斯，親愛的『警察局長』先生。」

　　古羅馬思想家西塞羅曾經寫道：「幽默會給人帶來歡樂，而且，常常可以產生巨大的作用。」

　　的確，幽默不僅能令人開懷，而且還常有潤滑的妙用，可以化解尷尬，打破沈默，讓你跟別人交際的過程中增添光彩。

　　不管是快要被開除的羅曼諾索夫，還是被冒用頭銜的警察局長，碰到攻擊自己或利用自己的人時，卻能適時發揮幽默感，平心靜氣和對方開玩笑。這樣的人能了解自己情緒變化，也能控制自己的情緒，不因挫折而沮喪，幽默指數高的人，就具有這樣的特質。

　　幽默的人自覺性高、自主性強、樂觀向上，喜歡幫助別人。他們碰到情緒問題時，不會一下子爆發，反而能從問題點尋找發洩的管道，苦中作樂，享受一個沒有悲苦的人生。

用幽默的態度讓對方心服口服

PART 3

想與人溝通或回應問題時，要多一點幽默感，
多用點心思來尋找回應或回擊，
才能讓對方輸得心服口服。

幽默回應，可巧妙改變處境

PART 4

與其軟弱地保持沉默、不知所措，
或者不近人情破口大罵，
倒不如巧妙改變自身處境，
可以讓人輕鬆解決問題。

5 用幽默將生活的框架突破

PART

不想受困於「有限」的生活空間，
便得讓自己擁有「無限」的心境與思考智慧，
讓自己幽默一點。

6 用幽默的態度看待惱人的小事

PART

恩怨情仇皆是生活中的小事，
想擁有一段幸福圓滿的人生，
就該幽默以對，別再讓生活中的小事困住自己。

7

PART

你的念頭決定你的生活

許多事都只是一個念頭轉動變化，
希望有什麼樣的生活，
便得讓自己朝什麼樣的思考方向。
心思幽默，生活必定更快活。

8

PART

用歡笑代替氣惱

碰到尷尬的情況，用不同的情緒去面對，
就會有不同的結果，
用幽默心情帶過，笑聲可以解決氣惱。

PART 9 懂得幽默，就能輕鬆溝通

很多遺憾萬分的事，都是起因於溝通不良，
引爆點往往是微不足道的小事。
如果幽默一點，看著自大自捧的人表演，
也是一件有趣的事。

PART 10 有一點爭吵，更能恩愛到老

將「鬥嘴」化為幽默的對話，
能為感情增添溫度，穩定婚姻狀況。
床頭吵、床尾和，雖然吵吵鬧鬧，
也能恩恩愛愛相伴到老。

用風趣感染眾人的情緒

PART 11

維持場面氣氛和諧的能力，
是現代人必須注重的。
風趣、活潑具有感染力，
讓自己帶著燦爛笑容和別人來往。

不要讓自己的幽默太過火

PART 12

輕鬆生活不代表可以隨性作為，
幽默也不可過火，唯有能保有自己的真性誠心，
才能期待良善社會環境的建立。

1.

用幽默的方式
表達自己的意思

幽默的表達方式不是只為了找出答案，

更富含了我們的生活態度。

活絡自身的思考智慧，才能得到趣味的人生。

幽默的人比較受人歡迎

機智幽默當然不是與生俱來的，而是從生活中
慢慢累積、慢慢學習得到的智慧，可以輕鬆擺
平眼前的麻煩事。

　　心理學家詹姆斯曾說：「幽默雖然不是什麼特異功能，但是，
卻能輕鬆化解原來尷尬或對立的場面。」

　　其實，在這個人際關係緊張對立的社會，懂得在適當的時機
幽默一下，往往比較受人歡迎，因為，幽默的人懂得用自嘲來化
解原本僵峙對立的氣氛，幽默的人也懂得用「開自己的玩笑」來
作為別人和自己的下台階。

　　音樂會上，有一位著名的女聲樂家正引吭高歌，台下有一位
女聽眾也用顫音跟著唱了起來。

　　「真像一頭母牛！」她的鄰座忿忿不平地說。

　　「誰？你這是在說我嗎？」那名女聽眾立即轉頭質問。

　　「哦！不，不是您，我是說，台上這位歌手干擾了您美妙的
歌聲。」這名聽眾連忙改口說。

　　這名聽眾的反應還蠻快的，能隨機應變，自然聰明避開了人
們的報復。說來，這不正是許多人最缺乏的解危能力嗎？

　　碰到類似的情況，別太情緒化，如果對方能聰明自省，並因而冷靜下來，麻煩自然解除。若不幸遇到像故事中的女聽眾，不但不覺得自己失態，更不知道自我反省，便得小心應對，因為一旦處理不當，恐怕出糗的人不是只有她，還包括我們自己。

　　此外，之所以在人際相處上要如此用心，是因為我們在日常生活中應對進退的習慣動作，常常與本身的工作相通。生活態度謹慎的人，在工作上自然也能得到較好成果。

　　「親愛的女士、先生們，接下來我們邀請到一位小提家來演奏。他曾在各種國際比賽中獲得不少大獎，現在，請你們以熱烈的掌聲歡迎他。」主持人對著觀眾們說。

　　這時，演奏家卻神情緊張地對主持人低語：「對不起，我不是小提琴家，我是個鋼琴家。」

　　主持人一聽，連忙又舉起麥克風：「女士、先生，很抱歉，小提琴家忘了把小提琴帶出來，因此他決定改為大家演奏鋼琴，相信這樣的機會更為難得，請大家再一次以熱烈的掌聲來歡迎他出場。」

　　主持人臨場應變，不僅遮掩住有關單位犯錯的糗事，更維持了原本希冀聆聽小提琴演奏的觀眾們的心情，甚至還以「難得」兩個字來拉抬現場氣氛，讓這場音樂會變得更具可看性。從另一個角度來看，主持人的機智同樣緩和了鋼琴家窘迫的緊張情緒，讓音樂會能有個圓滿的結果。

　　弗列迪克曾經寫道：「懂得幽默的人，最有人緣。」

　　因為，沒有人會喜歡跟一個不苟言笑，凡事一板一眼的人朝夕相處，也沒有人會願意跟一個開不起玩笑，凡事正經八百的人

一起生活，因此，如果你想擁有良好的人緣，培養適度的幽默感，就是你必修的第一門功課。

　　機智幽默當然不是與生俱來的，而是從生活中慢慢累積、慢慢學習得到的智慧。

　　相同的幽默應變，讓兩則故事中的主角漂亮地排紛解難，不用發生任何爭執，也不必發出抗議聲，便輕鬆擺平眼前的麻煩事，這正是我們每個人都應該努力學習的目標與境界。

多用微笑，應對進退更美妙

幽默的人比較受歡迎，無論在什麼環境中，我們無時無刻都會與人接觸，而這些人會是阻礙還是助力，端看我們怎麼面對，又是怎麼看待。

走在人生路上，懂得幽默的人，總是可以巧妙戰勝一切困境。

愛看偵探劇的漢克，很喜歡緊盯著表演內容，猜測誰才是真正的兇手，不管是演員們的台詞，還是戲劇進行時的可能伏筆，他都會極其用心且細心地記下並思考。

這天，他跑去看一齣名叫〈街角謀殺案〉的偵探劇。服務生引著他到座位上時，台上的戲正巧開演。

這時，已經準備投入觀戲的漢克，卻聽見服務生問：「先生，您對這個座位滿意嗎？」

「滿意，謝謝！」漢克匆匆回應。

「好，那讓我把您的帽子送到衣帽間吧？」服務生說。

「不用了，謝謝！」漢克不耐煩地揮了揮手，示意要他離開。

但不知道為什麼，那服務生似乎不明白漢克的意思，緊接著又小聲地問道：「需要節目單嗎？」

「不！謝謝！」漢克壓抑著情緒回應。

「這裡有送劇照！」服務生拿出劇照給漢克。

「謝謝！」漢克接過後，禮貌地回應。

「要不要望遠鏡？」服務生問。

「不！」簡短的回應，顯見漢克的情緒已一觸即發。

但這服務生完全感受不到，只見他一會問漢克要不要餅乾，一會又問他要不要喝香檳。

劇情漸進高潮，漢克被這服務生搞得完全無法專注觀戲，於是又氣又急地回了一句：「什麼都不用了，你快給我滾！」

殊不知這服務生原來是在等待小費，當他發現漢克根本不想給後，當即想出報復方法，只見他伸手指向舞台中央，然後在漢克耳邊恨恨地說：「凶手就是園丁！」

如此情緒化、毫無幽默感的回應，你覺得好嗎？

為了拿到小費，讓服務生失去專業素養，這其中影響到的不只是他個人，還包括了對公司劇院形象的傷害。

身為服務生卻惡狠狠地剝奪了客人的推理樂趣，相信沒有人會給這樣的服務肯定的聲音，畢竟服務業本該以客為尊，過份的情緒表現只會讓人看見從業者的不適任，以及修養不足。

也許有人會覺得，服務生的出發點只在爭取自己的權利，並沒有錯，但方法有很多種，聰明的人可以有更聰明的選擇，以及幽默的做法，，好比下面這位空姐的表現。

從紐約飛往日內瓦的班機上，有個男子不斷地戲弄、騷擾一名女空服員。

儘管其他人都認為錯在那名乘客，但這名女空服員仍然很敬業且專業地服務，甚至非常耐心地回覆他一再提出的無理要求。

突然，這名旅客對著她咆哮起來：「妳是我所見過的空服員

中，理解力最差的一個。」

女空服員聽了，一點也不生氣，帶著微笑說：「謝謝批評，請相信我，您是我所遇見的乘客中，最可愛的一位。」

女空服員說完，正準備離開，忽然轉頭送給男子一個很甜的微笑，跟著補充了這麼一句：「不過，也有可能我們都弄錯了。」

不必怒顏以對，不必惡言出口，微笑地反問回應，也幽默地引導反思，極其漂亮地爲自己爭回面子與尊重，不是更好嗎？

服務業原本就是以客爲尊，但人原本就多元且不同，所以聰明的服務者不會只套用一種公式，而會靈活地視當下情況變通，以爭得最好的口碑。

幽默的人比較受歡迎，不管是服務工作也好，或著是在其他崗位上，都應該懷抱幽默的工作態度，因爲無論在什麼環境中，我們無時無刻都會與人接觸，而這些人會是阻礙還是助力，端看我們怎麼面對，又是怎麼看待。

工作環境是修煉自己的最佳場所，在工作場合中來來去去的人都會是我們的對手，但也都會是你我的貴人，能讓我們體驗多元的人與事。

所以，面對各式麻煩的人事時，應該先學會幽默的智慧，再微笑應對或應付，然後慢慢地，你會發現，原來顧客或老闆、同事，就像一群大孩子，一點也不難哄騙。

現在，讓我們一起翻開本書，感受幽默的趣味與魅力。

身段柔軟並不丟臉

> 幽默地承認自己的錯誤吧！低頭道歉並不丟臉，
> 身段越柔軟，我們越能擁有和諧的人際交流與
> 合作關係。

在某個法庭上，法官詢問被告說：「你不但偷錢，還拿了人家的手錶、戒指和珍珠項鍊嗎？」

被告相當冷靜地點頭回答說：「是的，法官大人，因為人們經常這麼對我說：『光是有錢並不會得到幸福的。』」

的確，不是有錢就能買到幸福，換句話說，我們可以這麼譏諷小偷：「真正的幸福是偷不到手的。」

犯了錯就是犯了錯，理由再充裕、藉口再多也無法掩飾，更何況眼前呈現的是不爭的事實，應負的責任更避免不了，就像下面這一則故事一樣。

有一天，田裡忽然出現一隻很兇猛的狗，朝著一名農夫直撲過去。農夫見狀，隨手舉起手中的叉子回擊，沒想到惡犬竟一頭叉了進去，鮮血直流，不一會兒便死去了。

後來，狗主人知道狗是農夫殺的，便提出告訴，要法院還自己一個公道。

「大人，他又死了我的狗，您一定要重判他！」狗主人氣憤地說。

法官看著被告，問道：「你為什麼不把叉子倒過來呢？如果你能用沒有鋸齒的那一頭來回擊，不就沒有事了？」

農夫滿臉無奈地說：「法官大人，如果當時那隻狗是倒著向我撲過來的話，我一定會那樣做。」

從這則幽默故事中，你看見了什麼道理？

無論自己抱持的理由多麼正當，在處理事情時，我們始終得就事論事，不能感情用事。換句話說，在處理人和事時，絕不能將不同的事物混為一談，否則很容易偏離問題的核心。

法官問勃拉溫：「先生，你是不是經常對著自己養的狗叫喊『施密特』？甚至還經常對著狗說『喂！施密特，你這個大壞蛋』？你知道嗎？這行為是很明顯地侮辱了你的鄰居施密特先生。」

沒想到勃拉溫卻抗議道：「法官大人，您誤會了，我這樣做，其實是想羞辱一下我的狗。」

勃拉溫提出的理由，其中滿滿的情緒化回應，直接證實了他確實有心譏諷鄰居。又像農夫以叉子殺死惡犬的情況一樣，雖說是為了自衛，但終究殺死了狗。既然有錯在先，自當負起責任，不要一味強辯。

延伸這些故事的寓意，便是要告訴我們，凡事要能勇於認錯，無論當時的背景情況如何，也不管當下有多麼強而有力的理由，結果是錯的，就不必多找藉口，先承認自身有錯在先最重要。

就好比第二則故事中的農夫，如果他能在第一時間承認：「是的，我殺了您的狗，請原諒我。」也許，對方會因為誠懇的態度而選擇原諒，願意理解並包容農夫一時慌亂失手的結果。

　　眼前，你有難解的人際問題嗎？何不反求諸己，仔細想一想是否自己有錯在先，再試著鼓勵自己勇於承擔錯誤？

　　幽默地承認自己的錯誤吧！低頭道歉並不丟臉，身段越柔軟，我們越能擁有和諧的人際交流與合作關係。

再多掩飾也無法取代真實

面對生活、工作，不論有再多的包裝遮掩或偽裝修飾，我們最後還是要面對真實的自己。

「在正式上台表演時，請您一定要準備真的珍珠項鍊讓我配戴。」女演員非常堅持地說。

導演聽後，聳了聳肩膀道：「那好吧！今天這場戲中所有的道具我們全換成真的好了，第一幕的珍珠項鍊是真的，街道上的樹也用真的，椅子當然也會是真的……哦！當然最後一幕，你們要吞服的毒藥也會換真的！」

表演者為了能更貼近觀眾、說服觀眾，總是力求逼真，無論是服裝、背景或是劇情設計，無不竭盡所能地將之真實呈現。

一般來說，演員們要求的「真」，是像下一面這個例子。

有一天，導演相當興奮地對德隆先生說：「德隆先生，你扮演的傷兵角色真是維妙維肖啊！特別是臉上流露出的痛苦表情，實在太逼真了，你的確是個非常專業的表演者。」

沒想到德隆先生竟說：「當然逼真了，因為在演出前，我預先在鞋底放了一枚圖釘啊！」

導演一聽張大了雙眼，臉上滿是佩服的神情，接著不忘提醒他：「原來如此！你真不愧是位專業的演員，不過再來要拍攝奔逃的那一幕戲，你可千萬要記得把那玩意兒丟掉。」

　　一個是要求「真實的治裝」，另一個是要求「逼真的演技」，兩名演員的目的都一樣，同時對於「專業」的認知也一樣有所不足。

　　這就像報上曾經報導的，一位女作家為了能將援交女孩們的感受和生活情況真實呈現，竟親自披掛上陣，親身體驗援交的生活。這理由看似合理，可是真有必要如此嗎？

　　正如第一則故事中女演員提出的要求，許多人總是想盡辦法給自己一個理由，用來強化「犯錯」的藉口，然而再好的藉口也會出現破綻，畢竟「錯」並不會因為包裝精緻而變成「對」。

　　換個角度想，當女演員脫下「珍珠」，當德隆丟掉「圖釘」，當女作家回歸正常生活後，眼前的真真假假，對他們來說，不也成了「遺憾」和「空虛」的同義詞嗎？

　　無論是想借題發揮，還是藉物寄託，我們最終還是要誠誠實實地面對自己，所以在導演幽默地提醒德隆要拿出圖釘時，我們也讀到了其中的告誡：「戲劇只是一種生活或生命的仿製，並不可能完全取代真實的人生，面對生活、工作，不論有再多的包裝遮掩或偽裝修飾，最後還是要面對真實的自己。」

懂得幽默回敬，才算真正聰明

處世要能多元運用，待人接物也要能多變通，
畢竟人是多樣的，面對不同的人，要有不同的
對待方式。

在好萊塢的某座片廠內，一名女明星和導演大吵了起來。

只見女明星歇斯底里地對著導演大吼大叫：「你處處都在針對我，我知道你討厭我，恨不得我趕快去死，然後好對著我的墳墓吐口水，對吧？」

「放心，我沒那閒工夫去排隊。」導演冷冷地回答。

這名導演漂亮地反唇相譏，幽默且犀利，譏諷得女明星無話可回。

遇到強勢又無理的人，常有人選擇沉默離開，或許這是避免無謂爭吵的唯一辦法，但是，碰上那些會順勢軟土深掘、得寸進尺的人時，唯有適當的反擊，才不致於使自己成為一再被欺壓的目標。

在英國，人們聽見喬治‧傑佛里斯的名字，無不露出厭惡的神情，因為他經常對犯人做出慘無人道的判決，讓許多人深感不滿。

這天，他怒目對著一名犯人，並以手杖指著他說：「你這傢伙！要知道，我的手杖指的一頭，必定是個惡棍。」

　　沒想到犯人竟揚起了下巴，直直地盯著傑佛里斯的眼睛，說：「大人，請問您所指的到底是哪一頭啊？」

　　你認為是哪一頭呢？

　　我們常說惡人無膽，是因為他們一遇到比自己更兇狠的人，便逃得比誰都快。所以碰上有心機的人，我們其實不必太擔心遭人計算，因為無論怎麼算計，還是會出現遺漏與盲點。若想給對方一個教訓，只要耐心尋找，必能找出其中死穴，伺機反將一軍。

　　也許有人會質疑，處理現實生活中的這些麻煩時，沒必要凡事硬碰硬。確實，我們當然可以避免，只要你看得開，而且懂得一笑置之。

　　若心中感覺到不滿、憤怒，適度反駁回擊其實並不為過，因為確實會有人是吃硬不吃軟，不適時回敬，便認定你是個好欺負的人，得寸進尺。

　　聰明如你，一定知道處世要能多元運用，待人接物也要能多變通，畢竟人是多樣的。面對不同的人，我們要有不同的對待方式，唯一要遵循的宗旨，就是幽默的態度。

用幽默的方式表達自己的意思

> 幽默的表達方式不是只為了找出答案，更富含了我們的生活態度。活絡自身的思考智慧，才能得到趣味的人生。

　　多聽聽別人怎麼說，多看看自己怎麼想，生活重在思考與活化。

　　只要我們能經常動腦，即使思路誇張得讓人無法置信也無妨，因為當中必能引出其他智慧巧思。

　　尊重別人的思考邏輯，也應多肯定自己的思考道理，只要一切目的是朝向正面積極的意義，任何想法都有獨特價值。

　　老師指著某個學生說：「來，你舉一個文盲的實例，說說怎樣叫文盲。」

　　同學想了想，說：「嗯，比方說，如果蒼蠅不是文盲的話，牠就不會一再地飛向那些明明寫了『滅蠅』字樣的膠紙上了。」

　　雖然有些亂掰硬湊，但這答案的思考其實也算有理，正因為牠們讀不懂文字，所以一再地誤入陷阱。那麼，擁有學習文字語言能力的我們，是否懂得更積極珍惜這一切，更加努力呢？

　　例舉要能讓人明白，才能得到事半功倍的效果，好像下面這

位教授的創意舉例，不只幽默有趣，且讓人一聽便懂。

　　一位富有幽默感、精通印刷的教授，為了使學生瞭解「鉛印」和「影印」這兩種基本印刷方式的不同，特別做了一個簡單的示範。

　　他先請班上一位女學生到講台前面，然後對她說：「同學，麻煩妳在唇上塗口紅，然後親吻我。」

　　女同學依言配合，接著，教授指著臉上的紅色唇印，說：「嗯，同學們，這就是鉛印。」

　　接下來，他從口袋拿出一條白色手帕，將臉上的唇印轉印上。

　　「你們看，這就是影印。其實與鉛印的效果差不多，不過很顯然的，過程乏味多了。」教授笑著解說。

　　轉個彎思考，我們想讓人明白道理，想避免溝通有礙，便要懂得聰明幽默地舉例，讓他人清楚明白你想表達的意思，如此不只有助於搭起彼此間的溝通橋樑，更能避開使我們擔心的溝通誤會。

　　再更進一步思考，影印就像人與人之間的溝通，一味地轉印，最後必會印不出清楚的圖片文字，此時若是不能確實將問題找出修正，便會造成錯誤，帶來不必要的傷害。

　　所以，幽默的表達方式不是只為了找出答案，更富含了我們的生活態度。活絡自身的思考智慧，才能得到趣味的人生。

幽默將兩性距離更拉進

聰明幽默地活用生活之道，你我想要的幸福家庭，你我渴求的幸福伴侶，一定能時刻陪在身邊。

男人害怕女人嘮叨，女人苦惱男人不體貼，各有各的擔心，也各有各的煩惱不滿。然而，仔細思考其中存在的問題，不過是不懂得為對方著想罷了。

男人想要女人不嘮叨，只需要多付出一點體貼的關心，至於女人們，若想男人多一點體貼，該試著少開口，沉默地給他一個深情的眼神，想要的溫柔回應必然轉眼可得。

哈利夫婦正在河邊釣魚，由於哈利夫人不會釣魚，只好坐在一旁，不斷地對著先生說話。不久，哈利先生釣起了一尾魚，在此同時卻聽見哈利太太這麼說：「唉，這魚真可憐！」

哈利先生聽了，翻了翻白眼，無奈地對著魚兒說：「是啊！要是你肯閉嘴，那就沒事了。」

聽了哈利先生的幽默回應，不知讓你得到什麼樣的啟發？

在這個帶黑色幽默的回應中，我們看見了夫妻之間常見的相處問題——缺乏對彼此的體貼心意，造成了埋怨、不滿。

不妨再看看下面這一例，然後繼續思考，必定更能明白問題所在。

　　有天，妻子對丈夫說：「親愛的，聽說男人禿頭，是因為用腦過度，你覺得是這樣子的嗎？」

　　男人點了點頭，說：「當然是呀！妳想想，女人為什麼不長鬍子呢？正是因為女人們整天喋喋不休，讓下巴運動過度的緣故！」

　　男人總說女人嘮叨，也害怕女人嘮叨，女人總說男人冷漠，更擔心遭男人冷漠對待。看似全是別人的錯，實則問題根源出在自己的身上。

　　例如哈利先生的故事，知道妻子不會釣魚，丈夫若懂得體貼，便應當詢問對方的需要，為她安排適宜的休閒活動，那麼妻子的嘮叨自然停歇，兩個人之間也自然會因為多了一份體貼心意，而更見感情增益。

　　同樣的，女人若期望男人熱情回應，也要知道男人喜歡與不喜歡的事，就喜歡的事多給予支持鼓勵，並減少他們不喜歡的情況。體貼地明白丈夫的心中盼望，聰慧地扮演好另一半的角色，他們自然會懂得回饋以熱情與疼惜。

　　其實，兩個人相處的道理並不深，我們常聽見的，總是那幾個簡單道理。只要能聰明幽默地活用生活之道，你我想要的幸福家庭，你我渴求的幸福伴侶，一定能時刻陪在身邊。

活得開心比較重要

不要讓小事困住，生命轉瞬消失，唯有抱持正確的態度與生活習慣，才能真正的擁有美麗人生。

用幽默詼諧的方式看待世事百態，不僅能讓自己輕鬆愉快，更可以在風趣的言談中，輕而易舉地化解那些惱人的事情。

當你面對一樁又一樁惱人的事，與其憤怒、抱怨、咒罵，還不如先讓放鬆緊繃的心情，再用幽默的方法表達自己的想法。

對你來說，是健康重要，還是名利比較重要？是生活得開心快樂重要，還是聽見他人的掌聲重要？

世間人常為了追求一些可有可無的事物，而讓自己深陷原可避免的困境中，令人遺憾。聰明人都知道，名利不能長久，多數人聽後便忘，又何必為了這些東西困住自己？

有位長壽的醫學教授臨終時，對身邊的醫生朋友們說：「我想告訴你們，我心目中三位最偉大醫生的名字。」

在場的所有醫生聽了，無不期盼這三個名字之中，能有自己。只見這位老教授緩緩地說：「這三位偉大的醫生，正是水、運動，和正常的飲食。」

很棒的答案，不是嗎？

所謂的健康生命正是如此——水、運動和正常的飲食生活，少了這些元素，就算讓我們多得一分虛名，多得一點財富，也沒有任何意義。

凡事皆有正面意義，只要不偏取負面的方向，生活自然得見成功的掌聲，一如下面這則故事。

十九世紀後期，在美國眾多的遊樂場中，菲尼斯‧泰勒‧巴納姆經營得最為成功。巴納姆憑著天才般的想像力與活力，將遊客的注意力吸納過來。

有一回，巴納姆找來一頭大象在他的農場裡耕地，而一位也是農場主人的朋友，看了很不以為然，說：「大象所能承擔的工作，與餵養牠的費用相比，你不覺得很划不來嗎？」

「我覺得很划算。」巴納姆回答。

在巴納姆的認知裡，大象是最適宜從事農地工作的動物了，然而他的朋友卻堅持這是毫無意義的事。

由於兩個人各執己見，互不相讓，最後巴納姆的朋友氣呼呼地說：「好！今天我倒要瞧瞧，你那隻大象究竟能拉起什麼東西？」

巴納姆微笑道：「你還不懂嗎？牠能把兩千萬美國人的好奇心拉到我這個遊樂場來啊！」

好一個「好奇心」，以此串連起第一則故事的中心旨意，從中可以看見人們常見的愚癡。

大多數人都習慣以單一面向思考，固執不懂變通，習慣選取

生活中最無關緊要的選項，然後一天又一天受困於無謂的困惑中。

　　無論是大象也好，或能否成為偉大名醫也好，只要腳步踩得踏實、充實，自己知道日子從未虛過，那麼眼前一切世俗名利，功過財富，都只是一件件不足提說的小事。

　　所以，應謹記教授的旨意：「生命轉瞬消失，唯有抱持正確的態度與生活習慣，才能真正的擁有美麗人生。」

　　親愛的朋友，忘了名利爭鬥吧！

　　只要懂得堅持心中夢想，笑看橫逆，知道自己的生命意義為何，那麼無論我們以何種面貌或姿態出現世人眼前，都會是最耀眼的一顆星。

2.

別用情緒處理事情

幽默一點，別再用情緒解題，

也別輕忽了態度的重要，

因為這些都是人們評斷的重要依據，

稍有偏差，便難得敬重與肯定。

別用情緒處理事情

幽默一點，別再用情緒解題，也別輕忽了態度
的重要，因為這些都是人們評斷的重要依據，
稍有偏差，便難得敬重與肯定。

達爾文曾經說過：「人要是隨便發脾氣，就等於在人類進步
的階梯上倒退了一步。」

人生最大的困境，就在於我們不懂得用幽默的心情去面對眼
前的困境、逆境與窘境。面對不如意的事情，與其動輒暴怒，還
不如想辦法換個角度，用幽默的方式表達自己的意思。

凡事不要有兩套標準，更不要用情緒去處理事情，因為聰明
人會看見當中的盲點，從中發現你我的不足。一旦被看穿，我們
想再得到人們的信服，恐怕又將多費一番功夫。

收斂自己的情緒，遵守遊戲規則，往往是為人處世的最好方
式。

地理老師提了一個問題：「哪位同學知道，在什麼地方常見
煙霧繚繞？」

只見小吉米立即舉手，說：「離我爸爸嘴邊不遠的地方。」

小吉米的誠實答案，想必逗得許多人會心一笑吧！離爸爸嘴

邊不遠的地方，正是世上最常煙霧繚繞的地方，一點也沒有錯，不是嗎？

在討論了解當中的思維寓意之前，我們再看看下面這一例。

有個足球迷因沒買到票，只好爬球場外的電線桿上，觀看場內的足球賽。

然而，才剛爬上去看了一會兒，便見一位警察朝自己的方向走來，那球迷一看，連忙從電線桿上爬下來，不過警察卻示意他不用擔心，還擺擺手問道：「比數多少？」

「一比零，我們領先。」球迷回答。

只見警察微笑道：「好！你就在那兒看吧！小心別摔下來啦！」

說完，警察便轉身離開了，直到球賽即將結束前，才又走過來問：「現在幾比幾了？」

「一比二，客隊領先。」球迷在高處說。

想不到警察卻突然瞪大了眼睛，怒吼道：「什麼？那你還有心思在那裡看球賽？還不趕快給我下來！」

球迷聽了，急急忙忙爬下來，然而，就在他爬到一半的時候，球場內忽然響起如雷的鑼鼓與歡呼聲，警察一聽連忙又說：「快快快！你快點上去，去看看是誰進球了！」

警察的作為，相信讓不少人在苦笑之餘搖頭嘆息。事實上，以自己的心情處理事情的人，經常在你我身邊出現。

生活中，常常是越小的事情，越引人深思。好像第一則事例，我們總是就近以最熟悉的生活為依歸，累積自己的生活經驗。再看第二則故事，我們大都習慣了以當下的情緒作為處世的標準，

然而正因為太過自我直接，往往失了處世應有的智慧。

身教重於言教，許多道理就在日常生活之中，但我們常因為一時的貪慾與執念而忘記遊戲規則的重要，一如第二則故事中的警察，為了滿足自己的慾望而不執行職責，失望時又以情緒來解決，如何能得到人們的信服？

又如第一則故事，若是將來有一天小吉米也學起父親抽煙，身邊其他人想制止，恐怕也難以規勸。

幽默一點，別再用情緒解題，也別輕忽了態度的重要，因為這些都是人們評斷的重要依據，稍有偏差，便難得敬重與肯定。

謙虛面對己過最讓人敬重

 學會面對己過，學會承擔責任，一點也不難，更不會因此而折損我們的威嚴或自信。

看看世上那些偉大的人，從未汲營於自己的名和利，卻能得到人們長久的尊敬肯定，方法無他，正在於他們不只懂得謙卑低頭努力付出，更懂得謙虛表示自己的不足處。

此外，犯錯後，他們比我們更勇於面對，因為深切知曉，唯有先看見自己過錯，才能更見未來的進步與人生的坦蕩。

截稿日在即，伯拉教授正忙著完成一篇學術報告。

「親愛的，我的筆放到哪兒去了？」他忽然著急地問道。

妻子冷冷回答：「親愛的，它現在不是正夾在你的耳朵上嗎？」

「耳朵？你沒看見我快忙死了嗎？妳能不能說得具體一點，筆究竟夾在哪一隻耳朵上啊？」教授再次著急地問。

妻子一聽，勃然大怒：「難道你的耳朵沒有感覺？」

看了這段小故事，想必引起女人不少同情，想想遇上這樣不可理喻的男人，還是一輩子的伴侶，誰忍受得了？

聰明的人都知道，把自己的責任往外推，不懂得負責，我們便難自在行走於人生旅途。下面這則故事，在幽默回應中隱含引人深刻省思的道理。

有位老紳士悠閒地駕車在路上兜風，但好心情並未維持太久，由於他誤闖單行道，很快地便被交通警察阻攔下來。

老紳士的車被警車圍住，逼得他不得不把速度降低，直到車子停下來。

交通警察上前問他：「知道我為什麼攔住你嗎？」

「那還用說，我是你唯一能追得上的車呀！」老紳士不滿地回答。

莞爾一笑後，將故事中老紳士的反應對照現實，想想那些經常犯錯的人，不是很像嗎？當遇上自找的意外災禍時，面對悲傷的結果，往往只想著別人的缺失，卻不思己過，反讓自己更陷困厄中。

許多人在面對自己的問題時，都會像老教授一樣，總好怪責別人，卻不思已過，明明是自己的疏失，偏偏要把別人也拖下來負責。

學會面對己過，學會承擔責任，一點也不難，更不會因此而折損我們的威嚴或自信。事實上，懂得承擔己責，面對錯誤懂得反省的人，必然能得人們更加的敬重與肯定。

找答案不如先找解決方法

一件事情當中存在著許多面向，答案從來都不
是最重要，重要的是我們在尋找答案的過程中，
是否用對了方法。

　　遇上問題，大多數人都只想著答案為何，卻不知道積極思考
解決方法，因而讓事情越來越複雜，越搞越麻煩。

　　事實上，想得一個答案不難，但能不能把問題解決又是另一
回事，正因如此，聰明的人會想辦法讓結果走向自己希望的答案。

　　有位農夫在城郊附近買下一塊廉價的土地，為了能早日看見
收成，簽約後，便馬上開著耕耘機到田裡工作。

　　然而，翻土的時候，卻從地底裡翻出了一顆門牙。

　　「怎麼會有牙？真倒楣！」對某些東西有些忌諱的他忍不住
停下來，嘟噥了一句，然後才繼續向前。

　　前進一百公尺後，竟又讓他挖出了一顆牙齒。

　　「這真是莫名其妙！」農夫越來越覺得困惑，他再次遲疑了
一下，接著安慰自己說：「也許是巧合。」

　　但是，當他再向前走大約三十公尺後，犁頭第三次從土裡翻
出一顆牙。

　　「不對！不對！這其中肯定有問題。」農夫越想越不對勁，

氣憤地吼叫起來，立即把車子開回家，並去電要原來的地主說個分明。

電話中，他語氣極差地說：「這塊地是不是墳地？如果是，我要求您把錢立即還給我！我一點也不喜歡在鬼魂出沒的土地上工作生活！」

地主回答說：「先生，別生氣，也別擔心，事實上那裡原來是個足球場！」

這幽默的故事，引出了一個極重要的思維，那便是人們常犯的離題情況。

這地方原先是不是墳地，問問當地人便可得到最正確可靠的答案，但農夫並未這麼做，而是直接找地主要答案，我們都知道老王賣瓜、自賣自誇的道理，又怎能找到真相呢？

至於地主，以低價隨便賣出，或許以為用最快速度脫手就好，然而存在的事實始終存在，問題終有一天要被發現。

從兩位主角處理事情的方式，我們可以得到不少啟發，一件事情當中存在著許多面向，答案從來都不是最重要，重要的是我們在尋找答案的過程中，是否用對了方法。

其實，是足球場或墳場一點也不重要，重要的是這塊土地是否肥沃，又能否種出甜美豐碩的作物，不是嗎？

面對問題，別再離題了。以幽默心態看待，是墳場也好，是足球場也好，重要的是，只要能努力耕耘，終能為自己換得一塊良田。

看見藏在腦海裡的卓越創意

規規矩矩地附和配合，乖乖地聽命遵從，對任
何人都不會件好事，只會讓生活失去精采。

　　我們知道，老天爺賜與每個人的，都是一顆蘊含無限創意的
腦袋，但會因為使用者的不同而有著不同的功效成果。

　　不能好好開啟運用的人，當然得不出聰明智慧，反之，懂得
充分利用開啟的人，時時刻刻都能放出驚人的創意光芒。

　　老師正在發作業，當發到貝利時，忍不住質問他：「我要你
們寫一篇關於牛奶的作文，我記得曾要求你們一定要寫滿兩張
紙，但是，貝利，你的作文為什麼才寫這麼幾行字呢？」

　　貝利大聲地回答說：「老師，因為這是一篇關於『濃縮牛
奶』的文章啊！當然要簡短囉！」

　　因為「濃縮」所以「文短」，說得還算有道理，但絕不可能
被老師接受，畢竟在這個創意思考裡存在著一點偏差，若給予肯
定，就怕心智尚未成熟的孩子會自此走錯路。

　　但與其擔心，不如用較正面的態度和孩子共思創意，好比下
面這個例子，雖然仍有些偏差，卻是極富機智的創意發想。

上地理課時，老師要求學生們必須將地球儀帶來。

但有個名叫湯瑪士的學生沒有帶來，因此當其他同學認真地轉動著地球儀，尋找老師提問的地理位置時，他只能呆坐在自己的位子上。

老師看見他這個模樣，有些生氣，忍不住要考一考他，讓他出糗，於是喊道：「湯瑪士，亞馬遜河在哪兒？」

湯瑪士低著頭，什麼話也沒說。

老師更加生氣地問他：「你為什麼沒帶地球儀來，又為什麼老是低著頭？你到底在看什麼？」

只見湯瑪士抬起頭說：「老師，其實我有帶地球儀來，它就在我的腳下，而我低頭是為了找出亞馬遜河的位子，問題是這個地球儀實在太大了，害我看不見亞馬遜河到底在哪兒。」

跟著湯瑪士一同想像正被你我踩在腳下的「大地球」，是不是也激起你的童心趣味呢？這個創意回答十分讓人激賞，有多少人曾想像到自己腳下的大地球儀呢？恐怕很少吧！

每個人都擁有一顆聰明的腦袋瓜，只是有些人懶得去動，有些人則正好相反，極活潑好動地運用，因而寫下一則則創意非凡的傳奇。

其實，不管是濃縮牛奶還是大地球儀，兩則幽默故事在在說明了你我的腦袋的潛力無窮。規規矩矩地附和配合，乖乖地聽命遵從，對任何人都不會件好事，只會讓生活失去精采。

多動動你的腦吧！別害怕說出來的創意讓人鄙夷，更別擔心內心浮現的想法讓人不屑一顧，對自己要有信心，相信世界一切都在我們的腳下手中，任誰也否定不了我們。

坦白生活，方能自在快活

我們終究得面對自己，走自己的路。因此，與其瞞騙自己，不如坦然地面對心底的過，也坦白地對著他人承認己錯。

修飾過的錯誤，看似得到了隱藏，事實上依然存在，不只無法消失，更沒有人能真正遮掩。

轉念再想，即使別人看不見，自己依然會看見。過著自欺欺人的日子裡，不覺得辛苦嗎？

小傑每次想向老師請教時，老是忘了尊稱一聲「您」。這天他又去找老師，並直說：「你能不能幫我……」

這一次老師臉色大變，生氣地說：「小傑，你怎麼老是忘了基本禮貌？你不知道向師長請教時，要用『您』來稱呼嗎？」

於是，老師罰他在練習本上寫五十遍「對老師要尊稱您」。

小傑乖乖地回到坐位上抄寫這段文字，抄寫完畢後，他便拿去給老師。

老師看了非常高興，因為小傑一連寫了一百遍，於是微笑地說：「很好，你總算知道自己的不對了。」

「是的，所以我多抄了五十遍，希望『你』別生氣。」小傑說。

讀到最後，想必讓不少人會心一笑。

　　老師以為抄寫就能解決一切，沒想到早已習慣成自然的小傑，根本不知道反省問題的核心。

　　想必老師會忍不住嘆氣，真是孺子不可教也。接下來，我們不妨再看看下面這個例子。

　　語文課時，老師要求每個人在回家之前要完成一篇小品文，只見伯特卡坐在桌前，拚命地抓著頭，手上的筆卻一動也不動。

　　好朋友瓦西里見狀，忍不住問他：「你怎麼滿臉愁眉苦臉，一個字都沒寫？有什麼困難嗎？」

　　伯特卡嘆了口氣說：「唉，老師要我們寫這什麼題目！『昨天我做了什麼』，我該怎麼說才好呢？」

　　「那有什麼難的？你昨天都做了些什麼？」瓦西里問。

　　「喝酒。」伯特卡說。

　　「你太死心眼了，改一個詞不就行啦！比方當你要寫『喝酒』這個詞時，就改成『讀書』，照此寫下去就得了。」瓦西里說。

　　「對哦！」伯特卡頓時茅塞全開，拍手稱好。

　　轉眼，便見他完成了作品：「早上我一起床就讀了半本書，不過後想了想，我乾脆把後半本也讀完了。接著，我忽然又想讀書了，於是我便出門又買了一本書回來。就在回家的途中，我遇見了瓦西里，我一看見他的眼睛，就知道，他八成也讀了不少書！」

　　思考以上這兩則故事，當中問題其實是相同的，無論是「你」

還是「喝酒」，都是常見的自欺與執迷。

　　很多時候，我們欺騙自己完成了別人的要求，但事實上一切不過是虛應故事，執迷不悟，毫無認眞省思。

　　進一步思索之後，你是否開始有了不同的領悟呢？

　　生活是爲自己，不是爲了別人，我們終究得面對自己，走自己的路。因此，與其瞞騙自己，不如坦然地面對心底的過，也坦白且幽默地對著他人承認己錯。

　　能夠如此，我們才能看見眞正的進步。

享受付出，請先懂得給予

體貼地為對方多想一想，愛是互動的，單靠一方支持將是件極辛苦的事，道理和簡單的人際相處相同。

我們都習慣了等待別人的付出，特別是在情人的認知裡，總習慣把對方的付出視為最佳的愛意表示。但，你真覺得一味的付出是合理的嗎？

兩性相處虛虛實實，與其期待情人付出，不如率先真心給予，聰明且積極地把握正捧在手心的愛。

年輕的妻子換了一套新衣服，然後轉身問丈夫：「你喜歡這件衣服嗎？」

「真難看！妳快去把它退掉吧！」丈夫說。

「是嗎？嗯，可是這已經不能退了耶！」妻子失望地說。

不過，轉眼卻見她眉開眼笑道：「這是我三年前買的衣服，不過，既然你不喜歡它，那你就快點陪我去挑件好看的吧！」

很寫實的畫面，女人和男人常因為價值觀不同而起衝突，但是疼惜女人的男人大都選擇忍耐，或者以幽默態度應對，因為知道再多計較一些些，兩個人恐怕要開始冷戰了。

　　反思另一方，雖說女為悅己者容，女人們本就可以為這個理由而用心打扮自己，但凡事也要量力而為，多為心愛的他著想。

　　再舉一例，看看有耐心的悲情好男人如何面對老婆大人的驚人消費力。

　　男人正在教他的好朋友馭妻術，說：「昨天，老婆說要買件皮大衣，一直跟我鬧個不停，最後我只說了一句話，她就不再囉嗦了。」

　　「哇！真厲害，你說了什麼啊？」好友問道。

　　「我說，妳買吧！」男人哀怨地回答。

　　很妙的一句「妳買吧」，智慧化解夫妻相處僵局，當中充滿了無奈也幽默的包容心境。當然我們依然可以相信，男人始終是愛著另一半的，若非如此，允諾的答案不可能說出口。

　　聽見這般體貼的應允，親愛的女人們，在渴望男人掏錢為自己購買奢侈品同時，是否願意體貼地替他們多想一想呢？

　　愛是互動的，單靠一方支持將是件極辛苦的事，道理和簡單的人際相處相同。想被擁抱，只有一個人願意張手是不行的，必須另一個人也願意張開雙臂，才能完成整個動作。

　　別再一味地要求對方付出，因為要多了總會要盡，等到那一天，才發現自己空有物質滿足，卻失去了愛的支柱，該有多令人遺憾啊！

欺騙，傷人又傷己

何必欺騙自己呢？凡事由多面切入思考，也聰
明、幽默地進行多元省思，方能為自己找到最
坦然誠實的美麗人生。

　　許多人喜歡用善意的謊言來幫人，但終究不是最好的選擇。

　　無論善意還是惡意，欺騙都會造成傷害，因為目的必定是為
了遮掩一個可能被發現的事實真相。真相始終存在，我們從欺騙
開始，便免不了擔心受怕。

　　驗票員來了，威爾遜先生這才發現自己忘了帶月票。

　　於是，他對驗票員說：「我絕不是故意要逃票，請看看我這
張誠實的臉，這就是最好的證明。」

　　「那麻煩你把臉伸過來，因為我的職責是在車票上打孔！」
驗票員答。

　　聽著驗票員幽默回答的同時，也讓人禁不住省思著，人難免
會有出錯的時候，即使是無心之過也一樣是過錯。大可不必非得
爭執、保證，因為他人看見的是我們眼前所犯的錯，而不是過往
的誠信表現。

　　所以，錯了就錯了，不懂就不懂，不知道就不知道，沒必要

誇口知道或懂得。一時欺騙容易，但往後卻得面對或擔心真相被揭開，並不輕鬆。

　　教授說：「今天，我要和大家講解『什麼是謊言』，關於這方面的問題，我已經在我的一本學術著作《論謊言》中，做了十分詳盡的介紹。」

　　說完之後，教授停頓了一下，跟著又提問：「有誰已經讀過我寫的這本書？有的請舉手。」

　　話一說完，許多學生都舉起手來。

　　只見教授微笑著說：「很好，很好，看來大家對於『什麼是謊言』都有著切身的體會，因為……」

　　說到這兒，他停了一下，然後才說：「因為這本書根本還沒出版。」

　　聽見教授說書還沒出版，想必會讓那些舉手的學生羞愧不已。

　　何必欺騙自己呢？也許騙得了別人，但最終我們仍得面對心裡的愧疚，再想想，心底擱著這麼一個疙瘩，不辛苦嗎？

　　人生苦短，有太多東西值得我們學習與面對，每一件事都是累積智慧的關鍵，不容輕忽。

　　所以，凡事由多面切入思考，也聰明、幽默地進行多元省思，方能為自己找到最坦然誠實的美麗人生。

用幽默的態度
讓對方心服口服

想與人溝通或回應問題時，要多一點幽默感，

多用點心思來尋找回應或回擊，

才能讓對方輸得心服口服。

各退一步，心裡更舒服

凡事都各退一步吧！如果連面對最愛的人都缺乏幽默應對的智慧，不肯給予包容的心，試問，又如何能擁有幸福生活？

一名婦女在下車時，不小心被公車門夾傷了右手食指，氣得控告司機謀殺，還要向客運公司索賠一百萬元。

律師聽完婦人的說明，忍不住說：「太太，只是一根手指頭受傷，恐怕無法要求他們給那麼多錢啊！」

婦人怒吼道：「誰說這只是一根手指頭！你知不知道，這隻手指可是用來指揮我丈夫的呀！」

想像婦人對著丈夫頤指氣使的模樣，再配上食指怒點的動作，想必讓不少人禁不住莞爾。

一如故事中的引導，我們也發現到，男人女人的互動，實在難有一個好的平衡點，不是男人讓女人傷心，便是女人讓男人傷腦筋，似乎在所有人際互動關係中，最難解的便是兩性之間的問題了。

只是，說難解還是得解決，畢竟兩個人若想一起走下去，總還是得把情緒丟開，不然，像下面的小馬一樣，又如何能得到幸福的完結？

「唉！我的狗竟然跑了，我真是傷心死了。」小馬難過的說。

鄰居聽了，皺著眉問：「小馬先生，就我所知，你老婆出走時，你也沒這麼激動啊！」

小馬聽了，氣憤地說：「你懂什麼！要知道，我老婆的脖子上可沒掛那三枚國際展覽會的獎章啊！」

聽著小馬嘲諷著老婆不如狗，看似氣憤難平，其實隱約還是帶著一點想念的情緒。若不是「很在乎」，情緒便不會紛起，不是嗎？

否定的話雖然傷人，但正因此更讓我們明白，男女情愛的糾結很難用表面情況來解析，即使旁人想插手幫忙，也很難成為好的調停人。

畢竟，若是兩方的心結不能解開，再多的分析、拉攏也只是徒勞。

笑看第一個婦人的賠償理由，也笑看小馬的價值比較，我們必能輕鬆地解開男人女人的癡迷。

不如凡事都各退一步吧！如果連面對最愛的人都缺乏幽默應對的智慧，不肯給予包容的心，試問，又如何能擁有幸福生活？

所以，別再為了面子硬撐了，把食指收回，把醜話回收，只要兩個人各退一步，我們便會立即發現：「原來，看似棘手的夫妻關係，其實是人與人之間最容易學習的課題。」

童言童語常常是幽默妙語

把心靈回歸童心，無論外在如何催眠，不管外面世界如何變化，始終要像孩子一樣，幽默地面對真實的自己。

教堂裡，小麗莎舉手發問：「請問牧師先生，如果我是個好女孩，將來一定能到天國嗎？」

「當然，我的好女孩一定能到天國。」老牧師說。

「那我的貓咪怎麼辦呢？牠會跟我去嗎？」小麗莎又問。

「不能，我的好女孩，貓咪沒有靈魂，牠不能到天國去。」牧師說。

「那麼我院子裡的那些牛呢？牠們能到天國去嗎？」小麗莎又問。

牧師微笑說：「不能，我的好女孩，牛也不能到天國去啊！」

小麗莎聽了，又問：「這麼說，我每天都得跑到地獄去擠牛奶囉？」

在孩子的想法裡，世界就是這麼簡單，他們無法想像地獄天堂與現實世界的差別，就算我們說天上的雲是棉花糖做成的，他們也一樣會快樂地相信。

也因為如此單純簡單，在孩子們的童言童語中，除了能聽到讓人莞爾的可愛話語，偶爾還能讓我們領出一些幽默對答的智慧！

小女孩莎莎這天第一次和家人一同到教堂做禮拜，在教堂內，她比所有大人都還要興奮有精神。

結束後，祖父問她：「莎莎，妳喜歡不喜歡做禮拜啊？」

小女孩先是點了點頭，跟著嘟了嘴，然後很正經地下評語：「嗯，還算喜歡，因為他們的音樂很好聽。不過，爺爺，你不覺得台上偶爾出現的那個人，『廣告時間』太長了嗎？」

非常有趣的評論，可愛、坦白、直接之中，又帶著一絲幽默，值得我們遇到類似情況時借用。

宗教世界的儀式典禮之中，無一不是歌頌信仰的神，宣揚神的美好與神奇，整場不是說神的仁慈，就是大談神蹟，除此之外，反倒很少聽見讚揚那些默默發揚仁愛之心的活菩薩。

那麼，即使真的到了天堂又如何？最後得下地獄又如何？無法預知的未來，想再多也無用。既然活在現世，本來就要好好珍惜當下。

想想才剛誕生的新生兒，怎麼懂得什麼神蹟？孩子的成長過程，又哪裡需要神奇的魔法幫助？

就像把牧師佈道的時間解讀為「廣告時間」的莎莎，對她來說，做禮拜若能像參加派對一樣快樂歡喜，或許更能吸引她吧！

看似童言無知的回應，很多時候其實更引人深思。

對小麗莎來說，倘若真的有天堂地獄，死後一樣是「生」，那麼，那些生活在世上時的現實問題不也一樣存在？因而看在她眼裡，牛隻會在哪兒出現才是最重要的。

從這類帶點嘲諷宗教意味的幽默故事中，我們更清楚明白，宗教信仰重在心靈寄託，過分要求信仰的喜好或忠誠，迷信神力，都只會讓人迷失了自己，失去了自己的主體意識。

　　童言童語常常是幽默妙語，無論信仰任何宗教神佛，都要把心靈回歸童心，無論外在如何催眠，不管外面世界如何變化，始終要像孩子一樣，幽默地面對真實的自己。

愛說大話，小心自打嘴巴

不管是在什麼情況下，都要知道有幾分本事才說幾分話，不管是否為了因應壓力或機會需要，待人處世都應該要實實在在。

旅館傳來陣陣警鈴聲，有人呼叫著：「著火了！」

不一會兒工夫，住宿的旅客紛紛從門口跑了出來。

這時候，有一名男客人走進人群中，並且一派自若地說：「嗨，你們別慌張啦！想我聽見失火時，還能慢慢地從床上起身，並且為自己點上一根煙，跟著泰然自若地穿上衣服。其實，我原本想再打個領帶的，不過後來發現不太適合這件衣服，所以又把它解了下來，然後才慢慢地從逃生口走下來……」

男子說到這裡，停頓了一下，吸了一口煙，然後補充說：「各位，你們一定要記住，當危險發生之時，千萬要保持鎮靜啊！」

人群中有位房客附和說：「您說得真對！」

旋即卻又有另一人補充問道：「但有件事我不太明白，請問，您為什麼沒穿褲子呢？」

面對危機，當然要冷靜理性，但是面臨生死關頭，能冷靜不緊張的人恐怕仍在極少數。

就心理學角度來看，越是緊張的人往往話越多，因爲許多人面對緊張情緒的時候，爲了減少壓力，會找別的事情來分散自己的注意力，其中「說話」是最簡單也最容易紓解的方法。

　　反之，也有些人爲了讓情緒快速平復，會保持安靜，幫助自己能進入冷靜且理性的思考狀態。

　　在這裡，我們從男子的冷靜詞句與緊張狀態中學習到，話不要說得太快，想冷靜，更需要安靜，不然在情緒化的大放厥辭之後，只會讓自己掉入野人獻曝的尷尬，一如下面這個故事。

　　有個男子很喜歡向朋友吹噓自己的打獵技巧，更好說自己的高明槍法可與神槍手媲美。

　　有一天，朋友邀他一同去打獵，指著河裡的一隻野鴨說：「那隻鴨子就交給你吧！」

　　「好，沒問題！」男子自信滿滿地舉起槍，然後仔細地瞄準目標，跟著便是「砰」地一聲。

　　「啊！」

　　「打中了？」有人問。

　　「沒有，鴨子飛走了！」另一個人大聲地說。

　　朋友們尷尬地你看看我，我看看你，然而這時男子卻厚著臉皮說：「這真是太奇怪了，我還是第一次看見被打中的死鴨子會飛呢！」

　　好說大話，當然得自己承擔自打嘴巴的結果。

　　這男子爲了守住面子，將謊話硬拗，睜眼說瞎話，只是讓人更感質疑和否定。

　　人貴自知，不管是在什麼情況下，都要有幾分本事才說幾分

話，不管是否為了因應壓力或機會需要，待人處世都應該要實實在在，少誇誇其辭，如此人們自然會看見你我的真才實力。同理，即使本事不足，只要自身不放言高論，也沒有人會大力否定你我的價值。

「大智若愚」的原則沒有人不知道，事實上越是天才獨具的人，越是想隱藏自己的天分。

人生中總會遇到關鍵時候，那時才是發揮才智的最佳良機。若是過度賣弄，讓對手知道了本領，有了早一步防備，想在關鍵時刻扭轉乾坤，恐怕就出現阻礙。不想被人發現自己的弱點，便要懂得收口不說大話的智慧，越想表現冷靜理性，越要有金口不輕易開的聰明。

用幽默的態度讓對方心服口服

想與人溝通或回應問題時，要多一點幽默感，
多用點心思來尋找回應或回擊，才能讓對方輸
得心服口服。

有位外交官被派到某個小偷橫行的國家，心想：「這裡的小偷真有那麼厲害嗎？我不相信，一定有辦法可以防範他們。」

於是有一天，他在口袋裡放了一個空錢包，並在裡頭裝了一張小紙條，上面寫著這麼一行字：「偷錢包的是豬！」

「我就不相信治不了你們！」外交官得意地心想，這下子肯定能把小偷好好地嘲弄一番。

準備妥當後，外交官獨自上街轉了一圈。在行進間，他很小心地防範著，結果小偷並未光顧，這讓他十分失望。

他頗為不屑地踱步回家，一進門便掏出口袋裡的錢包，並將紙條拿出來準備撕碎扔掉，但是當他拿出紙條時，卻發現上面的字已經被塗改了，寫著：「我今天偷了豬的錢包！」

外交官自以為能捉弄小偷，卻被小偷反擺一道，由此看來，聰明反被聰明誤的外交官明顯不敵小偷的智巧。

那麼，智巧又該如何獲得？

有一位小提琴家竭盡所能地教育他的孩子，將自己傑出的小提琴演奏技巧和豐富的知識全數傳授給兒子。

他的兒子沒有讓他失望，不僅取得了非凡的成績，也有了傲人的成就。

有一天，小提琴家的老朋友對他說：「知道嗎？你兒子的演奏技巧已經超越了您啊！」

小提琴家滿臉自豪地說：「那是當然的，因為我從來沒有看過一位小提琴老師比得過我啊！」

聰明的小提琴家沒有直接點出自己的功勞，而是先讚美孩子的成就，接著幽默地帶出幕後功臣，導正了朋友的否定。

換個角度說，他的意思可解讀為：「不必大刺刺地脫光讓人看見，也不必刻意設計讓人發現，聰明借助其他事物或方法來證明自己的能力，反而更能換得人們的信服與肯定。」

好像第一則故事一樣，想擺人一道，最好的方法是不動聲色。在嘲弄對方前，得先知道對方的行動計劃，而不是毫無準備就直接上場，否則只會讓人看見你性格急躁的短處。

想與人溝通或回應問題時，我們要多一點幽默感，多用點心思來尋找回應或回擊的好時機，如此才能讓對方心服口服。

孩子們的未來決定於現在

完全富足的生活供需，向來不是成就成功未來的最好支持，觀念正確的教育傳遞，才是幫助孩子成就未來的重要根基。

典獄長對一位老囚犯說：「喂！你待在這兒四年了，怎麼從未看見你的兒女來探望？他們對你真是太無情了！」

囚犯揮了揮手，十分體諒地說：「不，這真的不能怪他們！他們誰也不能離開牢房一步，又怎麼能來探視我呢？」

聽到這名囚犯這麼「幽默」的說詞，想必你也會感到啼笑皆非。

不論其中罪犯的角色，再深入一點探討他的話中之話，聰明的人早想到了「上樑不正下樑歪」這句真理。

看似幽默體諒親友無法到來的理由，實則道盡了家教失敗的結果。

我們都知道，兒童教育的重要，不只是因為童心可貴，而是因為一個人的性格、作為都是自塑造的，若是根基沒能穩穩紮好，及至長大，必得辛苦地自行重修生活態度，甚至得重建走向未來的自信與勇氣。

笑看囚犯的自我調侃，深省生活的各種面向，在這裡不得不

提醒大人們，不要用你的情緒教育孩子。

因為，相較於故事中囚犯的情況，有更多的孩子其實是在看似健全的家庭中，由於家長的價值觀教化錯誤，慢慢地累積了錯誤的生活態度，出了社會之後，自然以錯誤的價值觀處世。

我們需要擔心的正是這一類孩子，看似規矩，看似無害，事實上卻是步步走向背離的方向。

即便有人發現，想幫助他們懸崖勒馬，可那根深柢固的偏差認知卻不是一時半刻可以改變得了的，往往要等到他們自己受了重傷後，才知道錯誤所帶來的妨害。

再舉一個經常聽聞的情況，正可說明父母言行對子女的影響。

有位高官的兒子，闖紅燈被警察攔下來。

只見他高傲地說：「你知不知道我爸爸是誰？」

這名警察聽了，冷笑著回答說：「我只知道你闖紅燈，至於你爸爸是誰，我想你問你媽會比較清楚。」

佩服員警的機智幽默和秉公執法同時，卻也不禁替這個孩子感到憂心。

姑且不論家庭背景帶給他什麼樣的態度觀念，光是無視交通規則硬闖紅燈的動作，就充滿著危險，一旦有任何狀況發生，受到傷害的終究是他的家庭。誰料得著硬闖過紅燈後，不會造成一個終生遺憾的悲劇？

再想一想，有多少父母不是載著孩子闖紅燈，或無視應該遵守的秩序，強行插隊、爭搶？

或許這些動作很平常，但轉身看著孩子們瞪大了雙眼，不知所措地站在父母身邊，耳濡目染間，他們其實也學會了「違規」

與「爭執」，並從此誤認為這是「正確」的生活態度。

　　做任何動作之前，請多為孩子想一想，那不會耽誤我們太多時間。

　　完全富足的生活供需，向來不是成就成功未來的最好支持，觀念正確的教育傳遞，才是幫助孩子成就未來的重要根基。

思考簡化，自然減少情緒化

 情緒的主控權就在我們手中，無論別人有多少複雜的想法，只要能以簡單心思回應，那麼花招再多也難敵我們的冷靜。

哈比的狗第一次在大賽中奪冠，鄰居上前向他道賀：「恭喜恭喜，你終於拿到了第一名。」

哈比一聽，糾正他說：「不對，是我的狗得到第一名啦！」

鄰居發現說錯話了，連忙道歉說：「對不起，對不起，不知道這次您的狗兒得多少獎金啊？」

鄰居還以為這次問話不會有任何問題了，沒想到哈比卻極其不悅地回答：「先生！是我得到那筆獎金！」

是狗拿到第一名，是人獲得那筆獎金，哈比的強調想必讓不少人感到困惑。

名歸狗，利歸人，聽起來似乎還蠻合乎名利均分的公平原則，但如此刻意的分別卻有些滑稽可笑。

好像下面這則故事的情況一樣，總是有人喜歡把狀況複雜化，讓原本簡單易解的問題變得困難重重。

在擁擠的公車內，有個中年男子拍了拍另一個年輕男子的肩

膀，然後低聲地說：「你是克氏成員嗎？」

年輕男子搖了搖頭說：「不是。」

「那麼，你家裡有任何人是克氏的成員嗎？」中年男子又問。

年輕男子依然搖搖頭說：「沒有。」

「那你的鄰居呢？」中年男子不放棄，繼續追問。

「他們一個也不是！」年輕男子有些不悅地回答。

「好，那你的朋友或熟人呢？」中年男子似乎沒發現對方已經十分不耐煩的臉色，仍然繼續發問。

「先生，所有我認識的人，沒有任何一個是克氏成員，好嗎？」年輕男子斬釘截鐵地說。

「這樣嗎？那能不能請你別再踩我的腳了？」中年男子平靜地說。

這男子就和哈比一樣，面對問題時，很不懂得抓重點。

試想，如果年輕男子真是他口中的克氏成員又如何？因此就可以找到立場不同的理由，和他爭執對抗一番？又或是因此而自認倒楣算了，繼續允許對方「踩腳」？

回顧第一則故事，名利該屬於誰並不重要，重要的是名利可齊享，大可不必分得那樣清楚，那不過更顯出一個人的小器。

第二則故事裡，是哪一派的成員也不必知道，被對方踩到腳，無論是有心還是無意，簡單看待，就把它視為一個「不小心」，然後客氣地請他移開就好，實在沒必要再試圖尋找一個衝突點，讓彼此更添不必要的情緒對立。

好比現實生活中的青年鬥毆，多少人不過是一個眨眼，就被人視為「有心」挑釁的動作，引發莫名的風波與爭執。仔細想想，

如此待人，最終損失最大的，還不是自己？

　　不要老怪別人來招惹，情緒的主控權就在我們手中，無論別人是否有所圖謀，或有多少複雜的想法，即使原本有心計較，只要能以簡單的心思回應，那麼對方花招再多也難敵我們的冷靜。只要能理性應對、幽默看待，堅持不與人爭執，他們也難挑起爭鬥的情緒。

　　凡事輕鬆看待，也輕鬆看淡吧！不愉快只存在轉眼間，仔細想想，事過境遷之後，許多事便根本不復記憶了，不是嗎？

以謙卑心態面對自然

學會了如自然般的包容關愛，並幽默看待一切，
我們不僅可望因此得到更多自然助力，還能看
見蘊藏在你我身上的真智慧。

一群獵人正在談論狐狸的狡猾與聰明，有個人卻反駁說：
「不對，以我看來，真正狡猾的動物不是狐狸。你們知道嗎？前
不久，我發現看起來像狐狸的腳印，追捕了整整一天，最後才把
那隻畜牲打中。」

友人問：「那還不狡猾？你追了一天才抓到耶！」

「聽我把話說完嘛！你們可知道最後我發現什麼？」獵人得
意地問。

聽眾一個個都搖頭表示不知道，這時獵人才說：「是啊！你
們怎麼會知道？那時我走近一看，發現那狡猾的小傢伙居然是我
家的笨狗！」

跟著獵人的腳步，不知道你跟著發現了什麼？

或許你已領悟到了，原來世上萬物以動物最狡猾聰明，至於
自以為聰明的人們，則老是在不經意中表現了自身的愚笨。

在省思這個道理前，我們不妨再看下一例，然後再冷靜且理
性地省思一下自以為是的「自己」。

在湖邊，有個男子發現一名釣客的行為有些怪異，忍不住上前詢問：「先生，你為什麼要把這瓶藥倒進湖泊裡呢？」

男子冷靜地說：「是這樣的，我正在餵牠們胃藥，因為我發現這裡的魚兒胃口似乎不太好，你看我特地調了那麼多美味的魚餌，牠們硬是不肯吃，我想肯定是腸胃有問題。」

讀罷這兩則幽默卻也諷刺的小故事，想著時時自喻為萬物之靈的人們，更讓人忍不住深思。

獵人跟了老半天，結果卻連自家的獵犬也不能分辨，再聽著男子猜測魚簍空空的原因，頓覺人類面對自然的無知與自大。

對崇天敬地的老人家來說，抬頭望天，代表著人們對天的景仰，對自然天地應有的尊敬心，至於低頭望地，則代表著人們對地的敬重，對自然大地應有的謙卑心。

無論人們表現如何卓越非凡，一切總還是得歸本自然，一如生老病死最終總還是應自然之規律變化。

換言之，不論人類科技如何進展進步，最終仍得依自然運行，也始終離不開自然的養育教化。

在這幾個小小的趣味故事中，分享者想告訴我們的道理如下：「不要輕看自然萬物，相較於人，生命生生不息的運行更加偉大，人類始終得從自然萬物的身上學習成長。」

因而，面對自然萬物，不要用人類自私偏頗的角度觀看，而是要學習謙卑低頭，那不僅能讓人看見自然的包容力，更能讓人更進一步從中學會知足與珍惜的道理。學會珍惜知足，學會了如自然般的包容關愛，並幽默看待一切，我們不僅可望因此得到更多自然助力，還能看見蘊藏在你我身上的真智慧。

4.

幽默回應，
可巧妙改變處境

與其軟弱地保持沉默、不知所措，

或者不近人情破口大罵，

倒不如巧妙改變自身處境，

可以讓人輕鬆解決問題。

傳達真情能縮短心理距離

 幽默能縮短彼此的「心理距離」，用「真情」讓對方接受自己，端看你要動之以「感性之情」還是「憤怒之情」。

有個編劇應邀寫了一齣電影劇本，內容描寫一個偵探故事。

某天，編劇的老婆走進房間，發現他一動也不動地坐著，臉上流著兩行淚。

「老金被殺死了！」編劇對老婆說。

老金是故事中的主角。

「可是，老公，這個故事是你編的，你不是早就知道會發生這件事嗎？」老婆有一些疑惑。

「我知道，可是這個老人死得太慘了！」他哀傷地說。

感性的力量往往大於一切，就算是喜劇也能賺人熱淚。

當我們面對頑固的對象，無法以道理讓他接受自己的想法時，就應該對他「動之以情」，用感性來征服他。

當然，在這之前，必須縮短彼此的距離，打破對方的戒心和防備。這時候，幽默就是最好的方法。

美國著名作家馬克‧吐溫在法國旅行。有一次，他乘火車要

到第戎去，上車後，覺得很疲倦，想睡覺一會兒，就囑咐列車員，火車到達第戎時務必叫醒他。他聲明，自己是一個酣睡之後就不容易醒的人，再三提醒列車員：「你叫醒我的時候，我可能會對你大發脾氣，不過你不要理會，無論如何，拖也要把我拖下車去。」

說完，馬克・吐溫就倒頭睡去。

過了一段時間，當他醒來，火車已經到達巴黎了，他肯定火車到達第戎的時候，列車員忘記叫醒他了，因而非常生氣，跑到列車員面前大發雷霆。

「在我一生中還從來沒有這樣發過脾氣。」馬克・吐溫說。

列車員平靜地看著他說：「先生，列車到達第戎時，我拖一個美國人下車，他對我發了一頓脾氣，你現在發的還不及那個美國人的一半哩！」

列車長把一個不該下車的人硬拉下車了！聽到這樣的回答，馬克・吐溫或許不知該氣還是該笑吧！

除此之外，「動之以情」還有另一種呈現手法，就是運用恐嚇手段！有些人「吃硬不吃軟」，愈是客氣，愈把你吃得死死的。恐嚇、威嚇，同樣是動「情」的方法，只不過是「憤怒之情」。

一個全身肥胖的紳士，邁著大步走到公車站牌旁的涼椅，在一個瘦小的男人旁邊坐下。

他無視於「禁菸」的標語，拿起一支特大號的香菸，問身旁的人說：「抽支菸，不要緊吧？」

「不要緊！」那男子提高音量說：「如果你惹我生氣也不要緊的話。」

最後一個回答，看似幽默，又充滿恐嚇意味，比直接教訓別人：「你眼睛長到背後去啦，難道沒看到『禁菸』標誌嗎？」要來的讓人接受。

　　幽默能縮短彼此的「心理距離」，用「眞情」讓對方接受自己，端看你要動之以「感性之情」還是「憤怒之情」。

靈活運用，幽默才會發揮功用

將不同的事物套在一起，用得好，可以幫助自己脫離困境；用得不好，一樣會有笑聲，不過可能惹惱某人。

一個剛學習駕駛的年輕軍官，把汽車開到十字路口時，號誌燈突然轉紅，汽車只好停在十字路口中間。

警察向他打手勢要他後退，但他不會倒車，只好把汽車繼續往前開。

警察對他吹哨，怒氣沖沖大步向他走去。

「這是一輛軍車，」軍官向警察解釋：「它只能前進，不知後退。」

軍官靈機一動的說詞，想必警察聽了也會哭笑不得。

幽默無時無刻存在生活中，很多時候都是現學現賣、隨機套用的。將不同的事物套在一起，用得好，可以幫助自己脫離困境，也可以製造歡笑；用得不好，一樣會有笑聲，不過可能惹惱某人。

有個人見兒子呆頭笨腦，決定帶他出門開開眼界，長長見識。

這天，父子倆一起趕集，路過一座小橋，父親指著橋下的流

水對兒子說：「這叫細水長流。」

接著，來到一個村莊的村口，父親見一隻大黃狗抱著一塊骨頭在啃，又告訴兒子：「這叫狗啃骨頭。」

往前走了一段路，來到草灘上，遠遠就有一頭大牛跟一頭小牛犢在牴角，父親又說：「這叫大牛欺小牛。」

兒子從來沒有出過門，覺得所有的事情都很新鮮，大開眼界，長了不少見識。

父親很高興，心想這趟出門沒有白跑，就叮囑兒子說：「我告訴你的事，要好好記住呀！」

終於走到市集上，父親帶兒子到一家飯館吃飯。父親口渴得要命，才剛坐下就猛喝白開水，兒子見了就說：「爹，要細水長流呀！」

父親聽了非常高興，心想兒子總算開竅了，學的話一下子就能用上，喝這白開水比糖水還要甜。

喝完水，父親點了一盤排骨當下酒菜，兒子見他津津有味地啃著，不禁大聲地說：「看，狗啃骨頭啦！」

一旁的人聽了，捧著肚子大笑。

父親勃然大怒，猛地摑他一巴掌，兒子哭著說：「大牛欺小牛，嗚嗚！」

兒子的隨機套用，雖然惹惱了父親，卻充滿樂趣。

隨機的幽默，除了現學現賣，還有一種是利用一些與對方生活相關的事物，然後靈活運用，也能製造出打破沈默效果。

例如，某間學校的法律系上課時，教授發現少了幾名學生，便問班代：「這幾個人跑哪兒去了？」

班代站起來回答：「不知去向。」

教授聽了勃然大怒，大聲說道：「大膽，法律課也不上，如此『目無法紀』，快把名單列上來，不能讓他們『逍遙法外』！」

「目無法紀」和「逍遙法外」，都是法律上的常用詞，這個「法」卻有兩種涵義。一種是法律上的法，另一種是法律課的法。學生雖然犯的是「翹課」的法，教授卻巧妙連上「法律」的法，製造雙重的「笑」果。

生活中，我們也可以試著靈活運用，發揮隨機幽默，拉近自己和別人的距離。不過，千萬切記一點，要套用得天衣無縫才不會為自己惹來麻煩！

笑看人生意外，使生活更愉快

用幽默的態度取代消極的情緒，與其因為受傷
而自覺運氣差，倒不如從其中尋找一些樂趣。

有一個壽險顧問常常用以下的話提醒人們：「去投人壽保險
吧。如果你的手指骨折了，可以得到一百萬新台幣；如果你的腳
摔斷了，就擁有一千萬；如果頭破了或脖子被扭斷了，不用說，
你將是台北市最富有的人。」

生活中，不少保險業務員鍥而不捨的努力精神實在值得敬佩，
但是推銷手法卻讓人無法苟同，似乎詛咒客戶出事的樣子，一下
子預言跌倒，一下子會出車禍，這只會讓客戶不想再聽下去。

同樣推銷保險，故事中的壽險顧問卻讓人感到愉悅，就算所
舉的例子更加恐怖，卻讓人輕鬆接受，因為，他用幽默解除顧客
消極的心情。

一九八八年九月中旬的一天，歷史上第一位被太空碎物擊中
的人出現了，那是瑞典一名七十七歲退休老農民柏森，當時他正
在瑞典南部一座森林中砍樹，突然被天上掉下來的東西擊中手
臂。

柏森的傷並不嚴重，只是右前臂受了一點輕傷。

他將擊中自己的碎片帶回去，經過分析，證明它是從一顆人造衛星上掉下來的，但是這顆衛星到底是什麼衛星，屬於哪個國家，則無法斷定。

事情公開後，記者們競相採訪柏森，其中一人問他有什麼感想，他說：「幸虧擊中我的碎片不大，不然，我就不會活著證明這件新鮮事了。」

有一天，阿凡提的老婆替他洗好一件襯衣，在院子裡的一根木樑上晾著。傍晚，阿凡提筋疲力竭工作回來，走過院子，看也不看一眼就進了屋，倒頭呼呼大睡。

半夜他突然醒來，走到外頭打算小解，才準備踏出家門，就看見一道白色身影站在院子裡。

阿凡提直覺有賊闖入，就悄悄回到屋裡，從牆上取下火槍，瞄準白色身影開了一槍。因為天氣冷，襯衣早凍得像棒子一樣硬，咔嚓一聲從木樑上掉到地下。

槍聲驚醒了老婆，阿凡提見了她便說：「院子裡來了個賊，我打死他了，沒事了，妳繼續睡，屍首明天一早咱們再一起弄出去報官。」

天剛破曉，夫妻倆就走進院子，沒看見小賊的屍首，卻看見被打爛的白色襯衣躺在地上。阿凡提這才明白，那「打死」的原來是自己的襯衣。

阿凡提高興地對他老婆說：「老天實在有眼啊！要是開槍的時候，我自個還穿在它裡面，妳不就成了寡婦啦？」

人們面對意外發生，通常會有消極的情緒產生，一個消極的

念頭，可能對人生歷程造成不良影響。

　　故事中的老農民不因天來橫禍而埋怨，反而爲自己能成爲第一位被太空碎物擊中的見證人而開心；阿凡提更是可愛，竟然爲了自己不在衣服裡頭而高興。兩人都能用幽默的態度取代消極的情緒。

　　與其因爲受傷而自覺運氣差，或是平白無故打爛一件衣服而大嘆不值得，倒不如像老農民和阿凡提一樣從其中尋找一些樂趣，畢竟樂觀、幽默的人比較受歡迎，日子也過得比較快樂，不是嗎？

幽默回應，可巧妙改變處境

與其軟弱地保持沉默、不知所措，或者不近人情破口大罵，倒不如巧妙改變自身處境，可以讓人輕鬆解決問題。

早上七點，丈夫悄悄從外面回來，才躡手躡腳打開門，就看見發怒的妻子正坐在沙發上等他。

「說，你打算怎麼解釋！」妻子問。

「喔，我昨天打電話告訴妳會比較晚下班後，便開車送女秘書回公寓，她還順便邀我上樓去喝一杯咖啡。」疲倦的丈夫說：「之後，她變得非常客氣，最後我們決定共睡一床。」

「你騙我，」太太大聲說：「你一定又跑去打牌。」

丈夫深知妻子是個疑心病重的大醋罈，就算說實話也不一定相信，所以選擇這個「誇張的理由」來做交代，真正偷腥的人是不會自己報告的。

有時候我們會遇到一些難以解決的問題，可能找不到合適的回應，或者對方太煩人，又得和他和平相處，這時候將話題巧妙轉開，換個緩和的方式帶過，就能輕鬆解決危機。

劇作家蕭伯納因脊椎骨的毛病，打算從腳跟上截一塊骨頭來

補損。手術之前，醫生見他是個名人，想趁機敲他一筆，於是對他說：「蕭伯納先生，這是我從未做過的新手術，費用會高一些。」

蕭伯納風趣地笑著說：「那好極了，你打算付給我多少試驗費呀？」

英國大版畫家兼名詩人威廉・布萊克一生製作了大量鋼版插圖，也創作過不少高水準的詩歌。如同許多藝術家一樣，他對藝術世界迷戀得近乎癡醉，常常沉緬其中忘記現實。

有一次，布萊克和他的妻子凱薩琳模仿彌爾頓《失樂園》中描繪的情景，一絲不掛地坐在他們的花園裡，忘情地朗誦著《失樂園》裡的詩句。

這時，突然有客人來訪，看見對方尷尬神情，布萊克毫不窘迫地對客人喊道：「請進！這兒只有亞當和夏娃。」

愛因斯坦還沒出名的時候，有一次在紐約街上碰到一位熟人，那人見他衣著打扮寒酸，就問：「你怎麼穿得這麼破舊？」

愛因斯坦笑著回答：「反正這裡也沒人認識我。」

幾年之後，愛因斯坦成了科學界的「大明星」了，有一天，在紐約街頭，又碰到那個熟人。那人一見便驚訝地問他：「你現在怎麼還穿得如此破舊？」

愛因斯坦又是笑著回答說：「反正這裡的人都已經認識我了。」

行事風趣幽默的佛洛斯特是美國頗負聲譽的詩人。他的作品，筆調清新簡練，善於描寫自然風光。

有一年夏天，佛洛斯特到郊外一位朋友家中作客，晚飯後，客人們都到陽台上納涼。

佛洛斯特喜歡清靜，獨自拉了一張藤椅到角落閉目養神，一位衣著入時的女人走來對他說：「詩人，你看這晚霞，真美！還有這餘暉……」

佛洛斯特覺得這個附庸風雅、喜歡賣弄的女人實在太不識趣，便站起來躬身答道：「夫人，您說的是！不過，我在飯後向來不談公事。」

運用幽默的方式將目標轉移，不但不傷人，還可以讓對方理解和尊重，除此之外，也能讓自討沒趣的人停止無聊行為。

與其軟弱地保持沉默、不知所措，或者不近人情破口大罵，倒不如巧妙改變自身處境，運用幽默的方式轉移話題，可以讓人輕鬆解決問題。

借力使力能簡單達到目的

為了爭取自身利益，用些小手段是人之常情，
但是要小心自打嘴巴的情況發生，否則就會戲
言成真，鬧出笑話來。

在這個紛紛擾擾的時代，人與人之間充滿著爭執、衝突、競爭、交戰，許多無謂的爭執衝突，都是溝通不良引起的！

想要提昇自己的處世競爭力，做人做事一定要講究策略和技巧，幽默的話語不只可以替自己解圍，同時也是輕鬆溝通的工具。

有位漂亮的少婦獨自在公園散步，覺得有些累，便在樹下一張椅子坐著休息。她看了看，確定四下無人，就把鞋子脫了通風。後來，乾脆把一雙玉腿也伸上椅子，舒服的躺了下來，毫不在意幾乎春光外洩。

過了一會兒，一個全身髒兮兮的遊民走近她身邊，笑著說：「親愛的，我們一起去散步好嗎？」

「好大的膽子，我可不是那種勾三搭四的女人！」少婦怒斥。

「那麼，妳跑到我床上來幹什麼？」遊民說。

很多事情的發生都有前因後果，受到不當對待時，仔細探究

原因，通常和己身的行為有關，就像蒼蠅會出現，必有吸引它的原因。少婦的確不是個隨便的人，但是她的行為卻不夠謹慎，也難怪遊民會對她言語調戲。

抓住對方的把柄，進而借力使力，就能運用幽默感達成目的。

阿凡提小時候常常到老師家裡學習《可蘭經》。某天，阿凡提正在讀經文時，有個學生家長走進來，手裡提著一罈蜂蜜送給老師，阿凡提好奇地張大眼睛，想看看罈子裡裝些什麼。

老師發覺他在偷看，又不想把稀少又美味的蜂蜜和阿凡提分享，就連忙將蜂蜜放到碗架上去，然後嚴肅對他說：「阿凡提啊，這罈裡裝的是毒藥，任何人只要吃上一口就會立刻中毒死去，非常危險，千萬不可碰它！」

過了一會兒，老師有事出門了。阿凡提確定老師走遠後，就爬上碗架取下那罈「不知名」物品，打開一瞧，發現是蜂蜜時，口水直流，雖然想吃又擔心老師回來後會生氣，於是想出一條妙計。

他將老師的墨水瓶往地上一摔，弄得滿地碎片和墨汁，隨即取下那碗蜂蜜，又把別的學生送來的肉餅、烤餅和油條也拿了出來，蘸著蜂蜜津津有味地吃著。蜂蜜吃完，他又把碗舔得乾乾淨淨，放回原處。

直到太陽下山，老師終於回來了，看見滿地碎片和墨汁，生氣問道：「阿凡提，墨水瓶是你打破的嗎？」

阿凡提假裝難過又驚慌地說：「我知道自己闖了大禍，怕您懲罰，所以就喝下了那罈毒藥，想在您回來之前死去。誰知道，我等了又等都沒死，真不知該如何是好呀！老師，您為什麼不遲點回來呢？再晚一點我就死了，這樣才能消您心頭的怒氣！」

老師一聽，馬上走到碗架拿下那罈蜂蜜，打開一看，果然被吃個精光，雖然心疼，卻無顏責怪阿凡提。

阿凡提不但幸運逃過一劫，還享受了一罈美味蜂蜜。

因為欺騙在先，阿凡提的老師即使知道阿凡提只是假癡假傻，煞有其事地演戲，也找不到理由處罰阿凡提。如果一開始直接禁止阿凡提接近那罈蜂蜜，或許還有完好的蜂蜜等著自己享用。

為了爭取自身利益，用些小手段是人之常情，但是要小心自打嘴巴、自取其辱的情況發生，否則假戲真做，就會戲言成真，鬧出笑話來。

癡人說蠢話，也是一種幽默手法

癡人說蠢話，其實也是一種幽默手法，只要能讓彼此從中得到樂趣，拉近彼此的，偶爾也可以用用！

　　老李的兒子小李，是國小三年級的學生。有一天，老李拿了小李的國文課本考兒子，一連問了九個問題，小李都答不出來。

　　老李生氣的說：「一問你三不知，要是以後再這樣，我就不給你飯吃。」

　　「什麼叫一問三不知？」小李問。

　　老李沒讀什麼書，哪裡能解釋這個典故，他只聽別人說過，便轉身問妻子，妻子也不知道。老李想了一會兒，硬掰說：「我想起來了，就是你不知、我不知，你媽也不知。」

　　真癡真呆的幽默，是幽默故事中常常使用的一種手法。其中的人物、對話、行為，都非常誇張而且愚蠢，但是彼此都不知道自己的蠢言蠢行，只有讀者能一眼看出其中的荒謬之處。平常人應有的知識、常識中，在幽默故事裡卻成為笑點，讓讀者在違背常理的情節中得到樂趣。

　　呆呆種的兩畝西瓜，長得又大又漂亮，任誰見了都忍不住流

口水。一天晚上，有個小偷到他的瓜地裡偷瓜。

小偷剛摘下一顆瓜，就被呆呆抓住了，呆呆正想揍他一頓，轉念一想，又把拳頭放下，對小偷喝道：「你說吧，願打還是願罰？」

小偷忙問：「怎麼個罰法？」

呆呆說：「人家都說我呆，現在我把呆賣給你！」

小偷一聽，高興地說：「我願罰，願罰！」

呆呆點點頭，鄭重地對小偷說：「記住，我已經把呆賣給你了，從今兒起，你就是呆呆！」

小偷暗自覺得好笑，連忙回答說：「記住了，記住了，我是呆呆！」說罷，轉身就想溜走。

呆呆立即將他叫住說：「如今你就是呆呆，這兩畝瓜田就是你的啦，還不留在這裡將瓜看住！」

一天，財主的兒子到鎮上辦事，回程看中了一架非常精美的雕花床，很想將它買下。誰知，他帶的錢不夠，於是立即回家去取，但是當他趕回來的時候，這床已被人買走了，不禁跺腳大嘆可惜。

賣主見狀，便安慰他說：「我還有一架更精美的雕花床哩，只是小了一點，客官不妨看看。」

財主兒子一看，這架小床果然比大的漂亮許多，高高興興地買了回去。

不過，這架小床真的很小，不管財主的兒子怎麼變換姿勢，就是無法完全躺下。於是，他借來一把鋸子，忍著疼痛將自己的兩隻腳鋸了下來，然後試著躺下，床不長不短，正好合適。

正當他得意洋洋的時候，財主走了進來，得知兒子的愚蠢舉

動後，氣憤地罵道：「你這畜生，太糊塗啦！雙腳鋸了留下兩個疤，腦袋鋸了只有一個疤，你怎麼不想想，一個疤勝過兩個疤呀！」

　　呆呆把「呆」賣給小偷，已經讓人覺得愚蠢，沒想到最後還將瓜田也給了小偷！富翁跟兒子的行為，更是讓人目瞪口呆，把腳鋸了已經是不正常的行為，原以為富翁會說出一點有意義的話，誰知竟然是要兒子換成鋸「頭」！

　　現實生活中，雖然有些人物的言行舉止誇張又愚蠢，卻不讓人討厭，反而覺得他們笨得有點可愛。癡人說蠢話，其實也是一種幽默手法，在表層看來，純屬娛樂，深究探討，還是有其意義存在，只要能讓彼此從中得到樂趣，拉近彼此的，偶爾也可以用用！

藉蠢笑話，說出心中的話

想要諷刺別人，或是打破彼此之間的沈默，不
妨試著藉著這類蠢笑話，說出心中的話，將會
有不錯的效果。

自古以來，就有一些蠢人出醜的笑話，尤其以嘲諷上位人士
居多，這些笑話在諷刺的同時，也是教導被領導的人民，要有判
斷力，能分辨出是與非、對與錯，而不是一味盲從。

從前有個縣官，從來不理民間疾苦，天天飽食終日，把自己
養得白白胖胖。有一天，他乘坐轎子外出吃酒席，兩個轎夫扛得
汗流浹背，上氣不接下氣。

半路上，有個農婦正趕豬進城。

縣官見她養的豬又肥又大，便叫轎夫停下來，問道：「妳的
豬長得這麼胖，餵的是什麼料呢？」

農婦答道：「農家哪有什麼好料，不就是野菜糟糠。牠們吃
飽了就睡，睡醒了就吃，自然長得肥肥壯壯啦！」

縣官聽了把眼一瞪，斥道：「大膽刁婦，竟然瞞騙本官！豬
如果不是頓頓吃山珍海味，怎麼會長得像我一樣胖？」

另一個縣官，判案糊裡糊塗，老百姓常常背地裡罵他「糊塗

蟲」。糊塗縣官不知罵的是自己，反而責備捕役說：「老百姓天天在罵糊塗蟲，你為什麼不去捉拿？限你三天之內，捉三個糊塗蟲來，少一個也不行！」

捕役無奈，只好前去。

剛出城門，他就看見一個人頭頂包袱騎在馬上，便奇怪地問他為什麼不把包袱放在馬背上，那人回答，這樣做是為了讓馬省些氣力，捕役認定他是個糊塗蟲，就將他帶走。

轉身回到城門口，捕役看見一個人拿著一根長竹竿要進城，豎著拿無法進去，橫著拿也無法進去，急得滿頭大汗，也把他帶走了。

第三個糊塗蟲，找了半天也找不到，捕役只得先將這兩個帶回去。

來到公堂，縣官問明情況，對騎馬的說：「你頭頂著包袱騎在馬上，怎麼能減少對馬的壓力呢？真是個糊塗蟲！」跟著，他又對拿竹竿的說：「進不了城，為何不將竹竿截做兩段？你也是個糊塗蟲！」

捕役聽了大喜，連忙稟道：「第三個糊塗蟲也有了。」

縣官問他為什麼不捉來，捕役說：「等下一任縣太爺到來，我就去捉他！」

在明朝文人馮夢龍《笑府》的〈李老三〉一篇中，也曾做出和縣老爺類似的回答，而故事中的李老三卻是當地人信從的「智者」。在一群智力不夠發達的人民中，能提出一些方法的李老三，自然成為當地人依從的對象。

在知識普遍、資訊發達的現代，人們有一定的常識和認知，面對「糊塗縣官」的政策，必有自己的看法和衡量，只不過，在

混亂的世代中，人們可能因為太多「混淆視聽」的傳聞、或者認為自己只是個「小人物」，不足以影響大局而讓自身權益受損。

要有自信，認識自己的價值和影響力，不管在任何環境，都有雪亮雙眼和清澈腦袋，別讓「愚蠢」的人牽著鼻子走。

相對的，想要諷刺別人，或是打破彼此之間的沈默，不妨試著藉著這類蠢笑話，說出心中的話，將會有不錯的效果。

說不清楚，認知會有錯誤

生活中利用文字遊戲可以製造幽默效果打破沈默，且較不容易冒犯別人。不過，遇上重大決定時，可就要「說清楚、講明白」了！

一個富翁過六十歲生日，地方上的紳士名流都帶著賀禮前往祝壽，富翁一名親戚在大門口擔任招待，負責代接賀禮和唱名。只聽他逐一高喊：

「教育界先進，王校長，請進。」

「政壇元老李議員，請進。」

接著，一個男人兩手空空地前來祝賀，招待皺了皺眉頭，隨即高唱：「空手『到』高手，請進。」

利用文字特性造成的幽默效果，可以增加說話的魅力，化解尷尬場面。不管是咬文嚼字、諧音新意，或者一字之差，都是文字幽默的特性。

千萬別小看這些小小的差別，它的影響甚至可以決定事情的成敗。

有個書呆子只會死讀書，常常鬧笑話。有一天，見父親嚎啕大哭，便問：「父親，何至如此？」

父親邊哭邊回答道：「家裡那頭水牛死了，沒牛耕地，靠什麼過活呀？」

書呆子勸了父親幾句，便到書房寫了一張告示貼在門外。鄰人聽見哭聲，不知他家出了什麼事，都趕來安慰，走到門前，只見告示寫著「我家醜死了」五個字，大家一見，一時沒了主意，只好回去。

父親哭過後，就動手把牛宰掉，書呆子見父親要賣牛肉，又立即寫了另外一張告示貼在門外。

過往的人見上面寫著「我家有醜賣」，覺得很奇怪，都圍來觀看。就這樣，告示招來了不少顧客，牛肉頃刻就賣光了。

書呆子見還有不少人圍來看熱鬧，又貼出一張「我家醜盡了」的告示。

圍觀的人愈看愈奇怪，就有人問書呆子：「你家到底出了什麼醜事呢？」

書呆子表示不曾出醜事，那人又問：「那你這三張告示寫的到底是什麼意思呀？」書呆子笑著答道：「你們連十二生肖也不懂嗎？子鼠、『醜』牛、寅虎……醜即牛也！」

有一天，龍王要到天上去參加王母娘娘的蟠桃會，臨走前才想起要交代夫人代管下雨，於是匆匆地對她說：「這次我要去好些日子，如果天旱，妳該下就下。」說罷，立即駕起一朵祥雲，直朝南天門飄去。

龍王夫人在家等了好久，還不見龍王爺回來，這時正好遇上旱災，她便改嫁去了。

龍王赴宴回來後，見天下大旱，草木枯焦，暗暗吃了一驚，急急忙忙趕回龍宮。一進宮門，他就大叫：「夫人，旱情嚴重，

趕快下雨呀！」

喊了幾聲，不見有人應他，他便氣沖沖地往內室跑去。誰知裡面空無人影，只見龍案上留著一張字條，上面寫道：「龍王陛下：我等您很久，仍不見您歸來，時逢天旱，我只好按您臨行時的囑咐，改嫁到山上去。」

龍王看了，不禁怒火沖天，後來細細回想一下，才明白是怎麼回事。原來龍王臨行時說過「如果天旱，妳該下就下」，龍王夫人聽錯了，以為他說：「如果天旱，妳該嫁就嫁。」

文字遊戲的幽默有兩種層次。第一個層次是無意間誤解別人的意思，做了錯誤反應，結果產生幽默效果；第二個是故意曲解別人的意思，製造幽默效果，「空手到」高手，就屬於這一種。

生活中利用文字遊戲既可以表達自己的觀點，還可以製造幽默效果打破沈默，且較不容易冒犯別人。不過，遇上重大決定時，可就要「說清楚、講明白」了，千萬別亂耍花槍！

發揮幽默功力，把自己推銷出去

如果你失業在家、人緣不佳，或是到目前還是孤家寡人一個，趕快發揮「幽默」的功力把自己推銷出去吧！

小龍做了一個夢，夢見和撒旦打鬥，漸居下風，節節敗退，危急之際，無意間見到身旁擺著一本《聖經》，不加思索，立即拿起來用力朝撒旦扔過去，只見那《聖經》不斷膨脹，並且自動張開，一下子就把撒旦吞了！

正當小龍為自己的機智洋洋得意時，突然「碰」的一聲巨響，撒旦安然無恙地跳出來，隨手把《聖經》撕得粉碎，不屑地對小龍說：「這是盜版貨！」

好萊塢巨星，美國加州州長的阿諾史瓦辛格，和國際影星成龍一起合作的反盜版廣告，兩個人騎著重型機車在槍林彈雨中一邊閃躲，一邊宣導反盜版理念。這個廣告除了演員大牌外，實在無法讓人留下深刻印象。

如果今天阿諾史瓦辛格扮演「撒旦」，成龍當「小龍」，這個「反盜版」的廣告，保證風靡全球，讓人留下深刻印象。

美國紐約一家肥皂廠老闆費什，為了替自己的產品做廣告，

利用紐約最好的劇院作為媒介達到目的，還特地重金收買當地一位歌劇女演員，讓她在莎士比亞的《馬克白》一劇中飾演女主角。費什開出的條件是：必須在歌劇演出時，於台詞中出現一句「費什」。

當晚，劇中的馬克白夫人在台上表演到謀殺一幕，正要擦拭那假想出來的血跡的時候，使坐在台下導演和觀眾們大驚失色的是，這位女主角竟然說道：「啊！假如現在我手裡有一塊費什公司生產的肥皂，就能很快洗淨這塊血跡，並擺脫這個痛苦了！」

現今有那麼多的廣告，要怎樣讓商品在消費者腦裡留下印象呢？在五花八門、琳瑯滿目的商品中，越是突出的商品形象，越容易引起觀眾的注意，這些廣告手法通常都有著豐富的「幽默感」。

比方某酒類廣告的劇情是，一位妙齡女子來到商場，踮著腳想拿下放在最上層的兩罐酒，可是不管怎麼努力，還是差那麼一點點。這時候，來了一位男士，他的目光集中在女子因抬高手取物而露出的小蠻腰，當女主角用嫵媚的求救神色望著男子時，觀眾以為要上演一齣「英雄救美」的好戲，結果竟然是男主角輕鬆拿下酒，一副不願與人分享的神情，快步離開，結局留下了目瞪口呆的女主角和電視機前面的觀眾。

這就是一個非常成功的廣告，不僅笑點十足，還充滿了異國風味的「幽默感」。如果最後劇情是「英雄救美」，兩人共享啤酒，就顯得老套多了。

不管我們要推銷自己、別人或商品，最重要就是讓人留下印

象。參加過拍賣會的人，相信都能贊同這句話：「最會講笑話的人，往往不是喜劇演員，而是資深老練的推銷員。」

商品的好壞不是重點，推銷員的功力才是商品熱賣的關鍵。

就像杜魯門總統曾經說過的：「如果不能說服人，就混淆他的注意力。」

如果你失業在家、人緣不佳，或是到目前還是孤家寡人一個，趕快發揮「幽默」的功力把自己推銷出去吧！

5.

用幽默將生活的框架突破

不想受困於「有限」的生活空間，

便得讓自己擁有「無限」的心境與思考智慧，

讓自己幽默一點。

鼓勵別人，等同於鼓勵自己

說真話雖然很好，但若是不能給人正面鼓勵，那還是別說，否則不只讓人傷心，還可能帶來負面效果。

肯定別人其實等於是肯定自己，因為那代表著我們聰明識人，知道與他們相處互動的正確方法。

以正面積極的態度肯定他人，再以幽默態度展現包容，我們的心境必會帶動出積極的活力，進而讓你我的人生跟著也活潑躍動。

一心想當歌手的瑪麗亞，剛上完一堂聲樂課便急著問音樂老師：「老師，依您的專業來評估，我的聲音將來會不會有成就？」

「如果遇上火警，妳的聲音應該可以派上用場。」老師回答。

極為諷刺的方式，雖坦白卻顯得太不厚道，畢竟人總是渴望受肯定與鼓勵。再說為人師表，若不懂得給人鼓勵，又如何能教出作為積極的學生？

人與人之間，要懂得聰明溝通，如此才能真正解決問題，不

至於把狀況搞得越來越複雜麻煩。

　　男人正在為一件事煩心，一個勁兒地抽煙，左手一支，右手一支，輪番地抽，轉眼便見煙灰缸裡出現十幾根煙蒂。

　　妻子看了，驚叫道：「天啊！難道你不能找個更有效的自殺方式嗎？」

　　丈夫已經夠焦慮了，妻子卻還酸溜溜地斥責嘲諷，試想，這樣的方式，有助於問題的解決嗎？

　　當然不會了，正想著煩心的事，耳邊傳來的卻不是安慰聲而是斥責聲，心亂耳煩，任誰都會感到更加憤怒。

　　說真話雖然很好，但若是不能給人正面鼓勵，那還是別說，否則不只讓人傷心，還可能帶來負面效果。

　　一如以上這兩則故事，自以為幽默的否定，根本無法激勵人心，只會多添互動上的衝突與冷淡。

　　將心比心，如果你是瑪麗亞，願意繼續讓一個否定自己的人教唱嗎？

　　同理，丈夫已經很煩了，妻子還給他那般尖酸的回應，如此怎能增進夫妻之間的情感？

　　多為別人想一想，好話不難說，多點鼓勵安慰並不麻煩。

　　人同此心，心同此理，學會給人鼓勵，我們也能獲得相同的鼓勵安慰。

用幽默將生活的框架突破

不想受困於「有限」的生活空間，便得讓自己
擁有「無限」的心境與思考智慧，讓自己幽默
一點。

我們都習慣了把自己放在一個安全門裡，或為自己畫一個框
框，自我保護，然而站在這個門框中，你真覺得安全嗎？

想讓心自由，就別把自己困在框框裡，因為生命原本就充滿
險途。請放心，你一定有足夠的能力避開危險，知道如何突破險
境。

某大學在分配系所樓層時，將心理系與音樂系的教室安排在
一起，這也使得心理系學生大感困擾，上課時都得關上窗戶，因
為如果不這麼做，根本聽不清楚教授們的講課內容。

不過，如此安排也有一些好處，好比這天……

音樂教室裡正巧有位女同學在練習聲樂，時而尖銳高喊，時
而淒厲哀嚎，與此同時，心理系教授正在為學生講解情感心理
學。

他說：「喜劇和悲劇之間的距離，其實是很小的。」

「請問，這段距離有多小呢？」有位學生問道。

教授指著隔壁音樂系的教室，說：「大約十公尺。」

　　極有趣的比喻，想來學生們定能明白其中的差別，短短十公尺的距離，讓人明白了悲劇與喜劇之別。

　　由此可知，以幽默引導思路，往往能讓人有不同的學習和體悟。

　　下面這則故事，則是因為職業病而帶出的有趣對話。

　　有一位數學教授在馬路上被一輛高速飛駛的汽車撞倒，肇事的司機不但沒有下車關心，還立即駕車逃逸。

　　交通警察很快便趕來了，詢問那輛汽車的車牌號碼。

　　授想了很久，然後說：「我只記得，就在被撞倒的那一剎那，看到車子上有一個方程式，好像是 xy 減去 517，最後的差是 24……」

　　在這簡短的小故事中，我們看見了這位教授的框限。他與第一則故事的教授極不同，前者靈活運用了自己的思考聯想，讓學生得到更廣的思考延伸與啟發，反之，後者則只能在有限的思考框架下做出反應。

　　仔細想想，其中有什麼值得深省的部份？

　　生活要多一點靈活空間，因為所有事物皆是多元呈現的。限制的產生，不是事物本身，而是我們每個人觀想與省悟的角度不同，而得出「有限」與「無限」之別。

　　所以，不想受困於「有限」的生活空間，便得讓自己擁有「無限」的心境與思考智慧。

　　萬事萬物皆在你我手中，十公尺之間何為喜劇，何為悲劇，抱持的態度不同，便可能有多種結果。

那看似安全的環境，正可能暗藏著某一種危機，看似冒險的
道路，也許反而通往安全之門。

　　無論如何，都要試著讓自己幽默一點，千萬讓自己的心境困
在某一個框架下。

多一點想像空間，生活更新鮮

給孩子多一點空間，其實也等於給我們自己多一點空間，讓彼此得以自由發揮生命最美、最真實的那一面。

很多時候，孩子比大人更懂得幽默。

與其把大人的思考方式強加於孩子的身上，不如學會尊重他們的思考，才能真正引導孩子走向正確的人生方向。

不妨多給孩子一些空間，特別是想像空間。少說「這樣不可以」，而多以鼓勵代替，給他們肯定，大方地說：「這麼想真的很棒！」

老師要學生們回家寫一篇作文，題目為「什麼是懶惰」。

作業收回後，老師很認真地批改，然而當他打開阿達的本子，卻看見第一頁是空白的，第二頁仍是空白的，一直翻到第三頁，才看見阿達寫下了這幾個字：「這就是懶惰！」

這真是一個很妙的解答，要說他表達有誤卻也不對，因為就創意來說，如此的表現方式，還真應該給個滿分的，畢竟這般大膽靈活的表現還不是每個孩子都想像得到。

這又如下一個故事的主角小湯米，在偷懶取巧的背後，其實

也表現了活潑另類的思考。

　　作文課上，老師要同學們寫一篇作文，題目是「我的狗」，並嚴格要求總字數不能少於一百二十個字。

　　小湯米想了一會兒，然後開始寫：「我家有一隻狗，名字叫波比。我很喜歡這隻狗，牠身體是黑色的，而頭頸則是白的。」

　　寫到這兒，小湯米停下筆，一字一字地數了數，發現字數還差很遠，忍不住皺了眉頭，心想：「哇！還差那麼多字，要寫什麼好呢？」

　　小湯米搔了搔頭皮，想了幾分鐘，然後才繼續寫：「我每天都會帶波比去公園裡散步，下雨時我就不帶牠出門了。」

　　寫到這兒，又算了算字數，發現還是不夠，他嘆了口氣，再寫道：「我常常幫波比洗澡，牠很喜歡洗澡，我也很喜歡幫牠洗澡。」

　　小湯米不斷地寫寫停停，但字數始終達不到老師的要求，這急得他直搔頭皮，一會兒看天花板，一會兒看黑板。

　　「波比很喜歡吃餅乾，所以我經常餵牠吃，可是，有時候家裡沒餅乾，我就不能餵牠了……」

　　小湯米絞盡腦汁，想把字數湊足，但寫到這兒，卻怎麼也想不出下文了，他只好停下筆，呆坐在位子上。

　　忽然間，腦子閃過一個念頭，只見他笑起來，然後提筆飛快地寫著：「當我想叫波比過來時，我就會喊道：『波比！』如果牠不來，我就再叫：『波比！波比！波比！』如果牠還是不肯過來，我就用力地叫喊：『波比、波比、波比、波比……』」

　　寫到這裡，小湯米數了一下，似乎還差兩個字，於是他毫不猶豫地又加了一個「波比」，然後再次數了數總字數，正好一百

二十個字，一字也不少。

　　只見小湯米用力吐出一口氣，然後吹著口哨把作文交給老師，開開心心地去操場玩遊戲了。

　　孩子的世界天真且寬廣，多叫幾聲「波比」雖然是為了湊數，但那呼叫的畫面，不也讓整篇文章充滿了快樂的聲音和形象？

　　幽默，經常在日常生活中展現。

　　我們應當以不壓抑他人的想像為準則，容許天馬行空的誇張想像畫面，因為那正是引導啟發創意想像的極佳方法。

　　給孩子多一點空間，其實也等於給我們自己多一點空間，讓彼此得以自由發揮生命最美、最真實的那一面。

　　所以，就讓孩子多叫幾聲「波比」吧！並試著用微笑和孩子討論他獨特的「懶惰」方式。

　　多以正面的態度和他們互動，未來，我們會從孩子的身上看見更具精采創意、充滿歡笑的新世界。

教育要靈活，學習才會寬闊

一味地跟從，或是態度不夠用心謹慎，自然會一再地誤入困境，甚至誤導他人走向錯誤的人生道路。

為人師長的人，在給人方向時，記得思考要廣，不可只顧眼前，或一味地只會用舊思考模式教育他人。

教育別人前，要先測測自己的思考是否夠廣，又是否能接受他人的質疑與提問。能夠如此，才能激盪出最豐富的生活故事。

化學老師漢森在做實驗時，不小心被炸傷，學生們緊急送他到醫院治療，所幸搶救及時，很快地便轉危為安。

脫離險境之後，護士送他到普通病房安頓。

來到新的病房，裡頭已有一位病友，這位病人看見新病友進來，便關心地問漢森老師：「怎麼了？是被汽車撞傷的嗎？」

「不是。」漢森老師搖了搖頭，接著嘆了口氣說：「唉！這全得怪編印教科書的人，因為他們把元素符號印錯了。」

不能活用知識，卻怪責編輯者弄錯了，這豈是一個授業者應有的態度？

又好像下面這則故事，趣味的答案，提醒了活化思考的重要。

有位小朋友提了一個有趣的問題：「老師，我有個問題想請問您，電話是怎麼撥通的呀？」

　　老師說：「這麼說吧！當你看到電話線時，你可以立刻與一條尾巴很長的獵犬聯想在一起，你拍拍牠的屁股，牠當然就叫了。」

　　「那無線電話呢？它又沒有尾巴，怎麼會叫？」小朋友不解地問。

　　「道理一樣，我們不過是換了一隻沒有尾巴的獵犬啊！」老師說。

　　沒了尾巴如何能叫呢？顯而可見，這解釋並不是個好例子。

　　教育是門大學問，不能隨便舉例解答，因為孩子們活潑逗趣的思考想像，經常會想到你我沒有意識到的問題。與其隨意舉例，不如好好地以科學角度解說，更能引起孩子們的學習興趣，啓動他們的好奇心。

　　我們都知道，思考若不能活化，只一味地跟從跟風，半點也無助於進步與學習成長，就像第一則故事，只懂照本宣科，卻不知道科學實驗中「懷疑」和「謹慎」的重要，當然會誤觸意外。

　　思考與態度要靈活，我們的生命才會精釆。一味地跟從，或是態度不夠用心謹慎，自然會一再地誤入困境，甚至誤導他人走向錯誤的人生道路。

別被錯誤示範扭曲了價值判斷

在完全還不懂什麼是對與錯的童心世界，大人
們錯誤的示範，很容易誤導孩子的價值判斷。

別再用現實世界的虛華與複雜作爲教育素材了，相信這些也
不是我們所喜歡、樂見的。我們都知道，爲孩子建立正確的生命
態度，更重於告訴他們如何爭得成功地位。

好的生活態度才能帶出成功的腳步，有好的生命觀念，才會
看見眞正充實富足的人生畫面，孩子們眞正需要的，正是這些。

一位態度高傲的母親對老師說：「我的孩子眞是個天才，我
總覺得他有許多獨特的想法，不知道老師是否也這麼認爲？」

「的確，特別是當他該靜下心默寫生字的時候。」老師說。

每個家長都會以子女爲傲，這原本是件好事，但若是像故事
中的媽媽，只挑孩子好的一面，卻無心發現尚有不足的地方，便
不太妙了。

畢竟一個只懂溺寵寶貝的父母，很容易讓孩子看不見自己的
缺點，也容易爲孩子建立起錯誤的價值觀念。

家教關乎父母的教育態度，一如下面這則故事，天眞的童言

童語背後，其實存在著可怕的教育危機。

　　數學老師對學生說：「假如桌上有三杯酒，我請你們的父親喝一杯，那麼還剩幾杯？」

　　其中有個小朋友馬上答：「一杯也不剩。」

　　老師搖了搖頭，說：「不對不對，你沒有聽懂題目嗎？我再說一遍，桌上有三杯酒，我請你父親喝一杯，還剩幾杯？」

　　只見孩子滿臉無辜地說：「真的一杯也不剩嘛！」

　　老師搖了搖頭，嘆道：「唉！你懂得我在說什麼嗎？」

　　小朋友天真地回答：「老師，是你不懂我爸爸啦！你知道嗎？只要他看見桌上有酒，絕對是一杯也不會放過的。」

　　孩子天真地說出父親貪戀杯中物的實況，深刻表現了家庭教育的重要性。家中一切人事物皆是孩子學習成長的榜樣，在完全還不懂什麼是對與錯的童心世界，大人們錯誤的示範，很容易誤導孩子的價值判斷。

　　以上兩則故事中的孩子為例，在母親一味地認為兒子是天才的寵溺中，在好酒父親的教育下，前者容易培養出自以為是的態度，後者則很容易教出同樣偏好杯中物的孩子。

　　家庭是培育孩子心智最重要的環境，而心智的長成必須靠父母親的苦心培育，稍有偏差，孩子也會點滴累積。

　　這些孩子日後想獨立時，若是沒有正確的人生態度與生活觀念輔助，將不只容易遇上挫折，跌倒後更可能不懂如何再站立起來。

　　給孩子富足的物質，驕傲的自信，不如幽默地教導他們學會謙卑，保持嚴謹的生活態度。如此，才能真正盼到與孩子共享成功驕傲的時刻。

真正用心，友情才能繼續

想得到人們的友善回應，不是用計交換，而是
要用心交往。如此，彼此間的情誼才能真正地
長久、穩固。

人際互動若少了真心誠意，再有助益的拍檔也無法幫助我們
獲得成功。

當彼此的心裡各具私心或別有居心，表面看來合拍的隊友也
必將在關鍵時刻露出自己心中的利己企圖，使成功的腳步無法繼
續。

一位電影明星坐在一家飯店的前廳，這時忽然有個陌生人走
到他的面前，然後莫名其妙地對著他大罵起來。

明星安安靜靜地看著他，並沒有做出任何反應或動作，任憑
這個人怎麼侮辱，他都微笑以對。

想不到，旁觀人群中，突然有兩位女影迷走了出來，她們不
僅痛斥那個陌生人，爭吵到最後，甚至還動手打了對方，那個人
受不了兩個人的夾擊，只好匆匆逃離現場。

明星見危機解除，還是自己的影迷熱情幫助，於是上前致
謝，對著其中一位女影迷說：「妳真的用這隻美麗的小手打了那
人一個耳光嗎？」

「是的。」女影迷神情得意地回答。

這位明星竟牽起她的手，在她的手背上深深地親吻一下。

另一位女影迷見狀，連忙說：「我可是用嘴狠狠地咬了他一口呢！」

為了能贏得偶像的青睞，為了爭取到親近偶像的機會，女影迷可是用盡心機以迎合對方的心。

類似心計，其實不只存在於影迷與偶像之間的互動，在你我現實生活中，也不難看見，好像下面這個例子。

法朗士為自己的一隻手做了一個模型，然後將模型手放在辦公桌上。

有一天，有位客人來拜訪他，一眼看見桌上的模型，便驚訝地問：「先生，這是您的手的模型嗎？」

「是的。」法朗士微笑地說。

「天哪！就我來看，這隻手簡直跟雨果的手長得一模一樣啊！這可是天才的象徵哪！」

「怎麼說？」法朗士好奇地問。

「您看，您的中指指尖這地方很像，您再看看這裡，有一點點凹進去的地方……」客人誇張地比劃著。

法朗士一聽，大笑著說：「那是我受傷後留下的疤痕啦！」

客人誇張地誇讚法朗士的模型手，行為想必讓不少人嗤之以鼻。

天才之手與尋常人的手，真有差別？

當然沒有，一切只是馬屁。

為了迎合想巴結的對象，有些人總是愛用心機，巧言令色企圖換得對方的信任與喜愛，然而得到了一時恩寵又如何？

　　大多數人正因為馬屁拍過頭，最終反而讓自己錯失機會。

　　想得到人們的友善回應，不是用計交換，而是要用心交往。如此，彼此間的情誼才能真正地長久、穩固。

　　至於面對他人處心積慮的巴結，且讓我們一笑以對。

別讓時機從笑聲中溜走

每一個季節的來臨跟轉換，對成功人士來說都很重要，把握每一道陽光、每一場雨水，才能迎接豐收的季節。

病人：「護士小姐，醫生有沒有吩咐妳送安眠藥來啊？」

護士：「沒有啊！」

病人：「如果再不拿來，我就要睡著了。」

有過失眠經驗的人應該了解，睡意來臨時，若沒有及時把握，過了那段時間，想要進入夢鄉就沒有那麼容易。但是，當你快睡著的時候，還硬撐著等安眠藥送到，那反而是一種本末倒置的行為。

曾有人說過一句頗富哲理的話：「人可以在現階段判斷一切，卻疏忽『現在』只有一分鐘可以讓你判斷。」

時間是屬於人類的專利，也是專門對付人類的武器，每一個時機都必須注意。它不像在高速公路上，錯過了一個交流道，可以在下一個交流道回頭，時間一旦過去了，就過去了。

深山裡的小屋中住著兩兄弟，有一天兩人一同外出打獵，才到走一半就看見天空有一群大雁飛過。兩人馬上張弓搭箭，哥哥

一邊瞄準一邊對弟弟說：「這群大雁很肥，射下來清燉吃，味道保證不錯！」

弟弟連忙反對說：「不，射下來一定要做成紅燒雁。紅燒雁又香又酥，比清燉雁好吃多了！」

兄弟倆為了這件事起了爭執，於是放下弓箭，一個勁兒地爭論了老半天，誰也不讓誰。後來他們知道這樣下去不會有結果，便一起去找一位住在附近的老先生評理。老先生聽完後說：「這個好辦，你們把射下來的雁分作兩半，一半清燉，一半紅燒，問題不就解決了嗎？」

兄弟倆聽了，高興地說：「這真是個好辦法！」他們謝了老先生，就趕緊回頭去射雁，可是回到原地方一看，卻已經找不到大雁的影子了。

從前，廣東住了個富翁。有一次，他叫夥計到杭州去辦貨，但是從廣東騎馬到杭州，少說也得花上一兩個月時間，因為路途遙遠，富商放心不下，於是囑咐夥計說：「你在杭州要是遇到重要的事情，千萬不要擅自作主，先捎個信回來，等我回了信你再做處置。」

一天下午，富翁坐在廳前喝茶，心裡記掛著杭州辦貨的事，突然，僕人送來一封夥計託人帶來的書信，便急急忙忙拆開。

信還沒讀完，他就氣得七竅生煙，跺腳直罵：「真是飯桶，草包！」

原來，信裡面寫道：「我身上帶的銀兩，剛才全被小偷偷走，那小偷還在酒樓裡面，特此奉上書函，請問要不要把他抓起來？望速速覆音杭州。」

　　有個財主外號叫「財迷蟲」，聽說木材在城裡可以賣到很好的價錢，便和兒子一齊上山打柴。

　　柴砍到一半，樹林裡突然跳出一頭猛虎，一下撲過來用前爪將財迷蟲壓住。走在後面的兒子見了，衝上來要救父親，財迷蟲見兒子舉起斧頭正要向老虎劈下去，慌忙嚷道：「老皮價格昂貴，不能用斧頭砍，你用扁擔打吧！」

　　兒子馬上丟了斧頭，拿起扁擔，可當他舉起來要打的時候，財迷蟲又大叫：「別將老虎打死，用繩子捆住它，活虎比死虎值錢呀！」

　　兒子又連忙扔掉扁擔，去找捆柴的繩子，好不容易找到繩子，財迷蟲已被老虎咬死，叼著往山頂跑去了。

　　作家黑幼龍曾經說過：「天底下每樣事情都是有季節的，成功者的一生是很多成功季節的過程。」

　　每一個季節的來臨跟轉換，對成功人士來說都很重要，把握每一道陽光、每一場雨水，才能迎接豐收的季節。

　　像鳥一樣飛逝的時間裡，也能像烏龜一樣慢慢爬，最麻煩的是，許多人永遠搞不清該快還是該慢。

　　當我們笑看這群不懂得把握時機的「愚民」時，也要回頭看看自己，是否也曾為了芝麻綠豆小事，錯失了得來不易的機會。

6.

用幽默的態度
看待惱人的小事

恩怨情仇皆是生活中的小事，

想擁有一段幸福圓滿的人生，

就該幽默以對，別再讓生活中的小事困住自己。

用幽默的態度看待惱人的小事

恩怨情仇皆是生活中的小事，想擁有一段幸福
圓滿的人生，就該幽默以對，別再讓生活中的
小事困住自己。

沒有人不希望生活時時充滿歡樂，日日為陽光普照。

如果你想擁有這一切，請記得，一切從放下仇恨、擁抱幽默、
學會寬心待人開始。慢慢地，我們終將感受到心情的歡喜幸福。

有個人被狗咬了一口，卻一直沒有好好治療傷口，只見傷勢
越來越嚴重，好一段時日都無法痊癒。他終於感覺事態嚴重，這
才去看醫生。

醫生看了一眼，便叫人牽來一條狗，因為必須確認一件事──
──這個人是否正是被這隻患有「狂犬病」的狗所咬。

確認後，醫生立即幫他注射血清，但似乎拖得太久了，為時
已晚。無可奈何下，醫生只好安慰他看開一些。

這個人聽完，呆了很久，跟著卻坐在看診室的桌旁，振筆疾
書起來，醫生忍不住安慰他：「其實，我只是說可能不會好，情
況也沒有非常惡劣，你還不必現在就立遺囑。」

「我不是在寫遺囑，我只是想列出那些該讓這隻狗也咬上一
口的人的名單。」男子回答。

知道惡犬有病，男子掛念的卻不是自身安危，反而期望著仇人、敵人也能有相同的遭遇，如此心態，真不知道該說他可悲，還是他的敵人可憐。

一個惡棍死了，死者為大，大家即便不喜歡他，還是來參加他的葬禮。

然而，葬禮上所有人全都靜默不語，神父忍不住問：「對於死者生前的一切，在你們心中，難道真的沒有留下丁點美好記憶？」

大家聽了，你看看我、我看看你，片刻之後，一個理髮師說了：「有，由於他的毛髮稀疏，每次刮他的臉總覺特別容易。」

每個人來到生命盡頭，總少不了一絲善念興起。所以，面臨生命危機，面對仇恨的人死去，何不學會寬容？

走到最終的時候，心中如果依然想著恨與怨，只是徒增不必要壓力，讓人生更顯悲情。

人生應該往前看，我們心中該存有的，不是為何仇恨的人不死、不病，而要感謝他們讓我們明白必須更疼惜自己。面對已逝的仇恨，我們該做的不是開心歡喜，而是要感慨生命的短暫，然後更努力把握現在。

恩怨情仇皆是生活中的小事，想擁有一段幸福圓滿的人生，就該幽默以對，別再讓生活中的小事困住自己。

給自己一個「優質」人生

聰明如你，想必此刻正認真省思著，自己的人
生是只需及格分數，還是積極地想得一個
「優」？

　　生活好壞常常由態度決定，人生際遇也經常隨態度轉換變化，
若思維能鎖定於正向，你我的腳步自然會走向正面積極的目標。

　　思考常入悲觀灰暗，心靈自然會悄悄引著我們，走向悲慘人
生。

　　有位就讀於二年級的大學生，寫了一份〈論莎士比亞創
作〉》的報告，教授給了他一個「優」。

　　作業發回不久，教授便要求這位學生到辦公室與他談談。

　　學生立即前往，教授一看見他，便說：「你大概不知道，我
也是畢業於這所大學，也是住在你現在住的那間宿舍。而且，我
們還保存了以前校友的考核作業，目的就是想在需要的時候便利
地翻閱參考，我相信你都曉得。」

　　「我應該說，你很幸運，因為你一字不差地抄襲了我過去所
寫的一份關於莎士比亞的報告。」

　　教授說到這兒，只見學生滿臉驚恐地看著他。

　　「當然，你一定會感到吃驚，也非常好奇我為什麼會給你

『優』的等第。孩子，那是因為當年我那保守的教授只給我『及格』兩個字，但我總覺得自己應當拿到『優』的。」

　　好的老師不只能給學生好的指導方向，更懂得保全學生的尊嚴。就好像故事中的這位教授，明知道學生犯錯，但他並未直指其過，反而是以更寬容、幽默的方式來糾正錯誤，讓對方明白好壞之間，其實相當主觀，而對與錯的差異，也只在一個小小的念頭轉換。

　　下面還有一段有趣的師生對話，從中我們更可以理解一個道理——好的教育技巧，能帶動學生們的創意。

　　某間學校的學生們特別喜歡音樂課，因為任教的音樂老師非常幽默風趣。

　　有一次考試時，他出了這樣一道題目：「巴哈有二十個孩子，因此他一生中把大部分時間花在『　　』上面。」

　　老師留下空格，要學生們填寫正確的答案。

　　調皮大膽的學生，紛紛寫下「床上」的答案，有些學生則比較嚴肅，回答是「德國」，當然大多數的人都認為是「作曲」。

　　但是，最終卻沒有一個人答出正確答案，於是學生們著急地詢問老師，正確答案是什麼。

　　老師笑著回答：「還債。」

　　聽聞前述問題時，你心中出現的是什麼樣的答案？

　　無論你的答案是什麼，都必定是個好答案。人生許多課題沒有絕對的錯與對，一如第一則故事；而透過第二則故事的引導，則讓我們更加明白，每個人都會有出錯的時候。

錯誤本身是很單純的一件事，更重要的是我們的自省能力高低，是否懂得從中反省，進而引領自己走向正確的道路。

　　故事極為簡單，但寓意省思由人，想得深刻，我們便得深刻啓發，若只懂輕輕帶過，得到的當然不會多。聰明如你，想必此刻正認眞省思著，自己的人生是只需及格分數，還是積極地想得一個「優」？

話說得巧，效果會更好

一百分還是零分，極可能導因於學習態度的差異，把話說得更巧，多以正面鼓勵的方式展開教育，孩子自然會表現得更好。

生長在經常傳遞悲觀念頭家庭裡的孩子，態度自然悲觀，反之，生活在陽光積極家庭的孩子，時刻都懂得展現陽光活力，當然較具幽默感。

為人父母，要小心謹慎自己的一舉一動，常用巧妙的話語和孩子溝通，因為孩子的未來與學習態度好壞，取決於家庭教育的成敗。

湯姆手裡拿著試卷，怎麼也答不上來，便在試卷上寫道：「上帝曉得，我不知道。祝老師耶誕快樂！」

過了幾天，老師把考卷交給湯姆，上面的批語是：「上帝一百分，你零分。祝你新年快樂！」

老師的幽默批語，想必逗得不少人發笑，仔細想想，這位老師不也挺棒的嗎？他沒有以斥責聲來糾正學生的過錯，反而以幽默回應提醒學生，間接達到正面的教育目的。

教育事業原本就不是容易的工作，但若能幫助孩子走向正確

的道路，便是極快樂的事。不過，也不能一味地只想靠學校老師的幫助，別忘了，家庭才是孩子最重要的學習根源。

一位父親正在和老師談論兒子的學習情況，說道：「老師，請您告訴我，我兒子的歷史學得怎樣？唉，回想我當初唸書的時候，其實很不喜歡這門課，考試總是不及格啊！」

歷史老師說：「原來如此，那歷史恐怕正在重演。」

我們可猜得，這位父親必定經常給孩子相似的訊息，讓孩子知道他的歷史總是最差的。在潛移默化下，孩子自然而然地會以父親為準則，允許自己歷史成績上的不足。

別以為不可能，回想我們過往的經驗，家人若在某一方面表現突出，自己不也會跟著模仿學習，並積極地以此作為換得鼓勵掌聲的途徑？

所以，常給自己肯定，也常給孩子肯定，這才是應當建立的教育態度。好像前述故事中的父親，若能傳遞正面訊息，讓孩子明白歷史的趣味，甚至是幽默的自我解嘲，相信孩子會以更積極正面的態度進行學習。

一百分還是零分，極可能導因於學習態度的差異，把話說得更巧，多以正面鼓勵的方式展開教育，孩子自然會表現得更好。

美醜真假只在幽默的一念

幽默看待萬物，便可得深刻的生活禪思。何妨給自己一點空間，以單純眼睛看世間？從此觸目所及，必無一不是美麗真實之境。

　　在某些人眼中相當美麗的事物，對某些人來說卻可能醜陋不堪，正如有些真相，對某些人來說，是根本不存在的假象。之所以有這些差別，問題不在事物本身，而在你我的一念。

　　別忽略了自身心念的寬度，懂得包容世事，懂得寬待萬物，將幽默態度落實於生活，慢慢地我們都將明白，這世界只有真與美。

　　小孫子問教授爺爺：「爺爺，為什麼你說一切假的都是醜的？」

　　「那當然嘍！難道你能舉出相反的例子嗎？」爺爺問。

　　「可以啊！」孫子爬到教授的膝上，說：「你看看你自己，裝上假牙後又年輕又精神，拿掉牙，你嘴巴又空又癟，這不是相反的例子嗎？」

　　教授聽了，大笑說：「有道理！」

　　醜似美，真實醜，聽了這番童言童語，你對美醜是否有了不

一樣的定義？

孩子的眞心話，總讓人會心一笑，也更引人深思，好像下面這個故事，在聽來無禮的話中，隱含著某些深義。

「我再也不洗臉了！」有一天，小多莉忽然對奶奶這麼說。

「為什麼呢？真是個小淘氣！妳知道嗎？當奶奶像妳這麼大的時候，可是天天洗臉呢！」奶奶說。

「所以我才不洗，我不想變成妳現在這樣啊！」小多莉回答。

小多莉不懂歲月增長的變化，只懂眼前所見到的眞實畫面，從中也讓我們明白，人生不活在當下，又在何時？

假牙看似很虛假，卻是眼前爺爺最需要的東西，既是生命所需，那又何必在意眞假？只要有助於生命繼續，讓人清楚說出心中眞心話，即使是假的，我們亦當認眞看待。

又好像另一則故事中，滿臉的皺紋正是生命漸進轉動留下的痕跡，又何必為此苦惱煩心？仔細想想，我們每天洗臉為的是什麼？是讓自己清醒，以看見更明亮的本心，還是為了讓人看見一個表面漂亮但內心無知的靈魂？

幽默看待萬物，便可得深刻的生活禪思。美醜一念，眞假不辨，一切標準存乎你我的一念心。何妨給自己一點空間，學學孩子們以單純眼睛看世間？從此觸目所及，必無一不是美麗眞實之境。

幽默，讓學習積極活潑

肯定鼓勵的方法才能挑起學習熱情，想帶動別人的學習興趣，更要以積極幽默的方式引導。

學習是互動的，多了主觀的認知與態度阻礙，便很難有充分的溝通與交流。所以，身為教育工作者，不只要懂得如何教學，更重要的，要知道以客觀態度引導學生積極學習。

好的老師懂得關心學生，更懂得幽默教學，因為他們知道，風趣幽默的方式最能吸引人，挑起積極學習的意願。

學生們最害怕英國文學課的老師，因為他對成績的要求極為嚴格，除此之外，大家更害怕分發考卷的時候。

因為他是以分數高低來區分，分送考最高分的試卷時，他會舉在頭頂上交給學生，次之的，就放在桌子上讓學生自己來拿取，再次之的，就放在膝蓋上讓學生來拿，再次之的，就放在地板上讓學生自己取回。

這次期末考卷照往常分發後，卻還有三名學生沒有拿到考卷，他們只好上前請問老師，自己的考卷到哪裡去了？

只見老師冷冷回答：「要考卷嗎？麻煩你們半夜時分再回到這間教室來，因為我把剩下的考卷埋在講台下。」

這確實是十分可怕的方式，看似公平，實則一點也不顧及學生的顏面。若說嚴格是好事，但從人性的角度思考，如此態度與方法只會造成學生的反感、反彈，更無法愉快地學習英國文學。

畢竟，老師挑起的不是學生們的省思，而是恐懼和反感，當然難以得到好的學習結果。如果這位老師能學學下面這位化學老師的教學方式，或可讓學生更樂於積極學習。

化學老師在黑板上寫了一個化學分子的程式，然後叫了一位學生的名字：「約翰，你來說說看，這是什麼分子的程式？」

「是……那個……是……」約翰似乎想不起答案。

「答案是什麼？」老師又問了一次。

「它……其實就在我嘴邊，我……」約翰心虛地說。

老師聽了，忍不住笑出聲道：「那你還不快點把它吐出來？要知道，那可是鹽酸哪！」

多妙的「吐」字，老師沒有直言指正學生的問題，而是幽默地提點學生所學不足，讓人更覺學習富趣味。

以第一則故事為例，當老師只以分數成績作為品評學生的標準，或是以此來揚好貶壞，學生之間的落差將變得越來越大，特別是那些對這個科目已經感到興趣缺缺的學生。

第二則故事中，「吐出鹽酸」的幽默隱喻，才能真正加深學生的記憶。

從中反思，聰明的人都知道，肯定鼓勵的方法才能挑起人們的學習熱情，想帶動別人的學習興趣，更要以積極幽默的方式引導，如此，更能點燃學習的意願與自信。

知道錯誤，更要知道錯在何處

最理想的家教是幽默地讓孩子學會自我省思，
不必責罰，便懂得面對己過，學習改進。

希望孩子能不再犯錯，期望孩子能走在正確的道路上，我們
該做的不是嚴厲地告訴孩子「什麼可以，什麼不可以」。

最好的方法，是引導他們思考為什麼要這樣做才好，又為什
麼這樣做是不好的。當他們犯錯，我們不必急著責罰，而是要讓
他們知道自己錯在哪裡，又要如何才能不再犯錯。

歐達在踢足球的時候把窗戶打破了，父親氣得不得了。

最後，他決定：「我要把你關到雞棚去！」

歐達連忙抗議：「不行，我不會下蛋啊！」

為了免除責罰，孩子總會想出千百怪的理由藉由來應付，然
而在他們天真的話語裡，我們除了聽見天馬行空的想像，更會聽
見孩子們心智成長的缺失，並思考應當如何正確地引導。

馬克很調皮，父親經常揍他，但今天的馬克卻顯得有些異
常，只見他咬緊了牙根，忍著痛，不再像從前那樣向父親求饒。

直到被教訓完畢，馬克才惡狠狠地說：「你打啊！再打啊！你愛怎麼打就怎麼打，我發誓，將來一定會向你的子孫報仇！」

　　如此沉重且充滿仇恨的話，不知道給了你什麼樣的啟發？

　　孩子的世界單純也直接，然而正因為過於單純直接，他們不懂檢討省思自己的過錯，就像馬克的回應一樣。被責罰的時候，沒有思考自己的問題，而是惱怒地想著挨打的疼痛，進而心生怨恨。

　　如此心思，若不能及時導正，未來恐怕會導致危機。

　　教育孩子，可以時而正面，時而反面，重要的不是我們用哪一個面向去教育他們，至關重要的是，能不能教導他們以正面的思考邏輯去面對過錯，並懂得時時反省，自我糾正。

　　其實，責罰只是一個方法，也不是絕對或最好的方法，因為最理想的家教是幽默地讓孩子學會自我省思，不必責罰，便懂得面對己過，學習改進。

　　不要急著把怪責孩子的過錯，而是要讓他們知道自己錯在哪裡，並且明白怎樣的作為與態度才正確。

　　幽默引導的成效，會較一味責罰更高。

裝瘋賣傻也能消除焦慮

在呆板的生活中，讓自己出些差錯，做些滑稽舉動來自娛娛人，這樣不但可以為生命注入活力，也可以促進人際來往。

有個笑話說，夢想征服全球的希特勒，有一天來到一間精神病院視察，問一個病人：「你知道我是誰嗎？」

病人望了他一眼，搖了搖頭。

希特勒覺得很掃興，便高聲對病人們宣布：「本人就是戰無不勝的阿道夫・希特勒，你們的神聖領袖。我的力量非常巨大，可以跟上帝相比！」

誰知，病人們並沒有受到任何震撼，只是微笑著，用同情的目光望著他，隨即有個病人上前拍拍希特勒的肩膀說：「是啊，我們開始得病的時候，也像你現在這個樣子呀！」

幾句幽默解嘲的話，可以讓人破涕而笑，消除焦慮感。

有個整人節目「歡樂夏夏叫」，匯集了很多段無傷大雅的整人花招。耍人者和被耍者，以及電視機前面的觀眾，最後都是笑容滿面，因為大家對於自己和對方的反應有一種「驚奇感」。

是的，心情低落的時候，一場輕鬆的談話、耍耍寶、裝瘋賣傻，都可以讓人消除身心壓力。

齊國有個人很健忘，走路常常忘記停步，睡覺常常忘記起床，連吃飯也會忘記要將食物吞下去。他的妻子聽說艾子說話詼諧，頗有智慧，能使人心眼開竅，就要丈夫到他那裡求教。

　　於是，這個健忘的人騎著馬，挾著弓箭，前去找艾子。

　　走不到三里路，他突然覺得肚子脹得很不舒服，就停下馬，將箭插在土裡，蹲在路旁的樹叢解手。

　　方便完後，他覺得通體舒暢，站起身就要走時，突然看見身邊自己插的那支箭，吃驚地說：「不知誰放的冷箭，險些兒射中了我呀！真是驚險！」

　　接著，他又瞧見樹下自己拴著的那匹馬，高興地說：「還好，雖然受了一場虛驚，卻得到一匹好馬！」

　　他正要走過去牽馬時，不小心踩著了自己那堆糞便，氣得哇哇大叫：「是哪條瘟狗拉的屎，呸！呸！」

　　說著說著，他解下韁繩，將馬掉過頭，騎上去就走。

　　走呀走呀，馬兒帶他回到家門口他也渾然不知，這時妻子正走出門來，他連忙問她：「嫂子，這可是艾子的居所？」

　　妻子見他的老毛病作，健忘到連自己的家和老婆都忘記了，頓時升起一股無名火，大罵他一頓。

　　他神情沮喪地對妻子說：「妳我素不相識，何故出口傷人？」

　　聽到他這樣說，老婆也只能無奈的搖搖頭。

　　這等健忘的人，實在誇張到不可思議的地步，不過，曾否想過，我們活在這個社會，很多時候必須壓抑自己的情緒，不管是爲了自己，或者爲了別人，都必須維持適當的形象，何妨讓自己

有點健忘？

　　情緒長期壓抑下來，就對生活失去興趣，感覺不到生命的活力，這也是為什麼人們喜歡看喜劇電影、節目的原因。當那些演員賣力搞笑時，我們也就適度釋放出自己的壓力。

　　裝瘋賣傻並不是喜劇演員的專利，適時的健忘更可以減輕壓力。

　　在呆板的生活中，我們也可以不按牌理出牌，在無傷大雅的情況下，讓自己出些差錯，做些滑稽舉動來自娛娛人，這樣不但可以為生命注入活力，也可以促進人際來往。

7.

你的念頭決定你的生活

許多事都只是一個念頭轉動變化，

希望有什麼樣的生活，

便得讓自己朝什麼樣的思考方向。

心思幽默，生活必定更快活。

心富足便等於坐擁萬貫財富

世上沒有真正醜惡的東西，只有人心陰暗面帶出的醜貌，這正應驗了相由心生的道理。

心靈充實的人，明白財富與富貴氣勢的虛假，也很清楚謙虛待人最引人著迷。想坐擁萬貫財富嗎？只要心充實富足，自然能成最富有的人。

正被金錢困住的人，其實真正需要的不是利名，而是要尋求方法填滿心中的空虛，讓精神富足，心靈滿足。

在某個晚會上，有位貴婦正在誇耀自己的富有：「我經常用溫水清洗我的鑽石，用紅葡萄酒清洗我的紅寶石，用白蘭地清洗我的綠寶石，再用鮮乳清洗我的藍寶石。」

這時，坐在她身旁的老婦人說：「這麼麻煩啊！我從來都不清洗的。」

貴婦好奇地問：「不然妳會怎麼處理？」

「很簡單，只要它們稍微沾了灰塵，我就隨手扔掉啦！」老貴婦說。

聽見兩個人競爭誇耀家財，不知道帶給你什麼樣的感受想法？

　　從細心清洗到直接扔掉，顯示的不是貴婦們的傲人財富，而是她們心靈的貧瘠空乏啊！

　　以下，再舉一例。

　　有位貴婦優雅地走進一家帽子店，老闆見客人進門，連忙帶著微笑迎接：「早安，夫人。」

　　「早安！我想請問，櫥窗那兒有一頂鑲有紅花藍葉的帽子，不知道能不能請您把它取下來？」

　　老闆點頭，說：「好的，夫人，我很樂意為您效勞。」

　　客人有所要求，當然要立即配合，如此才是經商之道。雖然不少女人很麻煩，總是要看了很多頂帽子之後才能決定，有些時候還不一定會買，讓老闆疲於應付，但他仍不忘自我安慰：「要有耐心，這頂帽子放在櫥窗那麼很久了，我今天一定要把它賣了才行！」

　　老闆拿著帽子，恭恭敬敬地送到貴婦的面前，然後問道：「夫人，您想把帽子放在盒子裡，還是戴著走呢？」

　　「買？我一點也不想買它啊！我只希望你能把那頂帽子從櫥窗裡拿下來。我每天經過你的商店都會看見這頂醜陋的東西，實在很不舒服，所以想麻煩你把它拿走，放在我不會看見的地方。」

　　聽見貴婦很不客氣地要求老闆拿下帽子，不知道是讓你感覺荒唐滑稽，還是有些哭笑不得？

　　世上沒有真正醜惡的東西，只有人心陰暗面帶出的醜貌，這正應驗了相由心生的道理。

　　我們觀人事美醜，從來關乎自己的心，觀人事美，是因為我

們心態美，觀人事醜，當然因為自己正心現醜惡的觀想，更因為不能以寬容慈愛的心看待所致。

所以，想時時刻刻看見美麗，別忘了讓心時刻保有美善，也讓心情隨時保持輕鬆愉快。

財富僅能存於一時，每個人心中應當存有的，當是謙卑踏實的心思。懂得這個道理，即使素顏出現，人們也會看見你我臉上掛著滿心富足的美麗容顏。

幽默看待，才會自在愉快

不想心情老是蒙上憂愁，多學會放下工作的煩悶壓力吧！認真且幽默地看待一切，你我才可能擁有自在愉快的人生。

尚福爾曾經說過：「在所有的日子裡沒有歡樂的那一天，必定是最無謂的浪費。」

的確，懷抱針鋒相對的態度去面對那些惱人的事，生活只會充滿怒氣和戾氣，相對的，提醒自己用幽默的心情去面對事情，生活就會充滿盎然樂趣。

只要能保持心情愉悅，就不難發現，再棘手的事也能輕鬆面對；再怎麼令人抓狂的人，也沒那麼難搞定。

身體之所以會有病痛，許多醫生都說是人們的壞習慣造成。

仔細想想，你是否在做某些事情或工作時，常有煩悶的感受？

如果答案是肯定的，那便代表著你的某些習慣已經累積出疾病了，若不想造成可怕的病痛，請立即找出問題的根源，並積極改進修正，才能在最短時間找回健康的身心。

小亞對愛抽煙的小李說：「知道嗎？香煙的一端是火。」

小李毫不在意地問：「哦！那另一端呢？」

「另一端有個想自殺的笨蛋！」小亞冷冷地答。

你是想自殺的笨蛋嗎？

雖然說癮君子已然成癮，要改變並不容易，但還是應該為自己多想想，畢竟生活中有許多壞習慣，最終會帶來可怕的病痛，而那最後要面臨痛苦折磨的人，正是自己。

因慣性而產生的問題很多，好像下面這個職業病症。

有個體形壯碩的男人因為長期失眠，到醫院請求診治。

「醫生，我最近很難入眠。」男子說。

醫生微笑地說：「放心，這不難解決，來，我先了解你的身體狀況。」

仔細地詢問病人的情況後，醫生說：「不用擔心，你只是有點輕微的神經衰弱，現在我教你一個方法，當你躺到床上以後，就開始默唸數字，從一數到十，反覆唸它，慢慢地你就會睡著了。注意，要堅持下去哦！」

然而，一個星期後，這男子又到醫院來了，且情況顯得比上次來時更糟。醫生吃驚地問他：「怎麼會這樣？你有沒有照我的話去做？」

病人用力地點頭，說：「有啊！我可是非常努力地執行，每天晚上一躺到床上，就不斷地從一數到十，可是只要一數到八，我就會忽然跳起來。」

醫生不解地問：「為什麼？」

「因為我的職業是拳擊手啊！」男子口氣哀怨地回答。

因為慣性，也因為壓力，讓故事中的男子遇見熟悉的「數字」

便跳起來，連丁點放鬆機會也沒有。

　　從中延伸，思考生活中的各種壓力，我們常覺得一切已是習慣，應當不會影響自己的生活腳步或思考感受，然而一如上兩則故事的寓意，實際上正不自覺地帶著自己走進險境而不自知。

　　如果你渴望走出束縛與危機，請從現在起時刻檢視生活狀況，時刻省思自己的心境，並讓自己與幽默靠近。

　　聰明如你，想活得健康快樂，還是少抽根煙吧！不想心情老是蒙上憂愁，多學會放下工作的煩悶壓力吧！

　　認真且幽默地看待一切，你我才可能擁有自在愉快的人生。

把聰明機智用在正確的道路

若空有聰明機智卻不能用於正確的道路，總有一日會懊悔曾經走過的錯路。

人生在世，別為一時的巧計應驗而開心，更不要因為一時的成功投機而放心。別忘了，一切只存在於那一時一刻，世界仍繼續變動、轉變，投機者終會因為踏得不實而跟不上變動，甚至失足跌落。

唯有真心誠意、幽默包容的態度，才能讓我們踩著自信踏實的腳步前進，無論世界如何變動，始終都能以絕對的信心克服困境，繼續向前。

一位老闆在甄選公司未來的會計師時，出了一道最基本的問題，題目是：「兩百萬加兩百萬等於多少？」

前面兩個面試者都毫不猶豫地說：「四百萬。」

結果，這兩人都沒得到工作。

當商人詢問第三名面試者時，只見對方立即站起來，把門關上並拉上窗簾，然後靠在桌邊，小聲地問老闆：「你希望它等於多少？」

商人聽了，微笑點頭，最後便由這位聰明的仁兄拿到了工作

機會。

　　要說面試者聰明，還是機巧呢？

　　不同的角度得出不同的結論，畢竟在商言商，為得工作機會，總是需要用一點巧智爭取，然而這是否為正確的經商之道，有著極大的省思與爭議空間。

　　以下還有一則相似的幽默故事，一笑之餘，或許可供我們串連，深省經商處世的道理。

　　這天，藝廊主人正在招考新進員工，問眼前求職者的第一個問題是：「你有工作經驗嗎？」

　　「有。」求職者老實回答。

　　「那麼，如果我們不小心打碎了一個非常貴重的花瓶，你會怎麼處理？」藝廊主人問。

　　求職者想了片刻，然後回答：「我會把碎片重新黏好，然後耐心等待一位有錢的顧客光臨，跟著，我把它放在一個恰當的地方，以便……」

　　說到這裡他停頓了一下，然後才小聲地說：「以便讓故事重演。」

　　老闆聽了，微笑點頭：「好，你明天開始上班吧！」

　　在商言商，一切以自身利益為最終考量原本無可厚非，然則若失了誠信與正念，如此經營心態，恐怕存在著極大的隱憂。

　　此外，就求職者來說，以這種巧智爭得工作機會，從另一個角度來思考，其實並不見得是好事。

　　畢竟，一切以利為重的老闆，想來對員工也不會用真心對待。

這世界是很現實的，不能誠實對待事業的經營者，自然在待人處世上也不會付出真心，在這樣的工作環境下，應當沒有多少人能夠真正久待。

　　聰明機智的人當然比較受歡迎，也比較容易找到出路，但從另一個角度省思，生活處處都有良機，若空有聰明機智卻不能用於正確的道路，時光終將虛度，總有一日會懊悔曾經走過的錯路。

你的念頭決定你的生活

許多事都只是一個念頭轉動變化,希望有什麼樣的生活,便得讓自己朝什麼樣的思考方向。心思幽默,生活必定更快活。

心念轉動何方,便意味著未來我們得由那兒尋找收穫。

如果我們的心念朝著悲觀的方向,未來自然會得悲哀的結果,反之,往樂觀的方向前進,你我的未來世界便能得樂觀希望的結果。

所以,我們應該時時保持警覺,更要多惕勵自己的心,朝向正念,進行樂觀思考。如此,最終定能得到圓滿豐收的好結果。

一名哲學系教授對學生們說:「一個傻瓜提出的問題,常常連十個聰明人也回答不出來。」

其中一位學生聽了,忍不住嘆氣:「唉!難怪我考試老是不及格。」

這名學生的反應,想必讓不少人莞爾一笑,回應當中不乏幽默嘲諷的寓意,只是到底是諷刺教授的思考邏輯,還是自我解嘲,恐怕得看聽者此刻心境為何,各做不同解讀了。

這是一則充滿哲思的小對話,想分別聰明、傻瓜,還真不容

易說出答案，正如樂觀、悲觀之分，不過只是一個轉念。

教授問學生：「你能不能說出樂觀主義者與悲觀主義者的區別？」

學生說：「我知道，當兩個人共飲一瓶酒，喝到只剩一半時，樂觀主義的人會說『還有半瓶』，悲觀主義的人則會說『半瓶完了』。」

酒倒一半，對你來說，是「還有半瓶」，還是「只剩半瓶」呢？

生活中，許多事都只是一個念頭轉動變化，而得到的結果是好或壞，是否為自身所預期或希望，端看抱持的念頭如何轉動，又轉向何方。

一如第二則故事中樂觀者、悲觀者的觀想態度，看似尋常的一念之差，實則深深地影響著未來。

由此延伸思考，你經常感到傷心難過嗎？你經常覺得這天地人事都對不起你嗎？或者，你總是感覺快樂開心，覺得能活在這個世界是件好事，滿心充滿著幸福感謝呢？

別問天地鬼神能給自己什麼，而要自問，我能給自己什麼？一如第二則故事中的宗旨，我們應當明白，思考轉動由人，希望有什麼樣的生活，便得讓自己朝什麼樣的思考方向。

心思幽默，生活必定更快活。

保持最真實的自己

不忘本我、不忘記真實感受的人，將不會有迷失的時候，因為無論世界如何變動，他始終保有最真實的自己。

其實，每個人的內心都保有一個最真實的自己，只是為了應付這個複雜的世界，不得不把最真的自己鎖在閣樓裡。

然而這樣困鎖住本性，最終必會讓人變得越來越不開心。

放輕鬆些，打開自己的心門吧！若不能遵照自己的本心前進，生活又有什麼樂趣可言？

自然老師正在為學生們講解各種昆蟲的特性，當他講到有一種小蟲子的壽命只有一天時，台下幾個孩子立刻開始竊竊私語。

老師馬上點名：「巴爾，你想說什麼呢？能不能和同學們分享？」

「老師，我覺得那種小蟲很幸運！」小巴爾朗聲說。

「為什麼？」老師不解地問。

「因為牠的一生都在過生日啊！」小巴爾天真地說。

多可愛的童言童語，如果你是老師，會怎麼回答？

在想像自己的答案時，我們再來看看以下另一則可愛的故事。

今天是拉吉卡第一次上游泳課，游了一小時之後，小拉吉卡忽然說：「教練，我今天能不能練到這裡就好？」

教練不解地問：「為什麼？」

「因為我已經喝不下去了。」小拉吉卡神情痛苦道。

多妙的一個「喝不下」，在孩子的思考世界裡，只有一個真字，他們坦誠地面對自己的感受，也坦誠的地對人們表達心中所想。

如此真誠的心思，正是大人世界所缺乏的。

又像下面這則故事，當多數人只懂掩飾心中矯詐時，孩子們依舊天真地表達本我心性。

上自然課時，老師問學生們：「誰知道蘋果在什麼時候採收最好？」

有個學生很快地舉手，回答：「我知道！我知道！在農場主人把狗鎖起來的時候最好。」

他一說畢，教室內立即響起哄堂大笑。

無論是對小昆蟲天天都能過生日的羨慕，還是坦白已經喝不下池水，又或是誠實分享心中的取巧念頭，純真童心都是成人世界偽作與矯情的對照。

很多時候，我們總是希望能得到聰明的答案，然而看似聰明的答案，往往存在著虛情假意的應付。

為了能得到人們一時的掌聲，滿足虛華感受，有些人寧可放棄自己迎合他人，終至越來越迷失，失去個人獨特性。

一時的風光僅存在於一時，一旦放棄自己的本心，很快便會陷入可怕的困境中，漸至失去生命的方向。

　　想讓自己更幽默，學學孩子們的童真純心吧！一個時時不忘本我、不忘記真實感受的人，將不會有迷失的時候，因為無論世界如何變動，他始終保有最真實的自己。如此，他會懂得累積保有自我生命的獨特性，並時時刻刻以最真實、幽默的面貌，贏得人們最誠心的掌聲與鼓勵。

慾望少一點，快樂多一點

生命無法重來，唯有把握此刻當下，及時改正
錯誤的生活態度與觀念，繼續的人生之旅，方
能笑看美麗的風景。

　　人總是希望能滿足心中一時的慾求，然而滿足了之後，必會
發現慾望變得更難以控制，越來越積極向我們討索。

　　自此，我們將與幽默漸行漸遠，越來越不快樂。

　　少一點慾望吧！單純少慾，才能得到最純粹的快樂。

　　有個老煙槍因為長期抽煙，導致肺部出了狀況，經常感到噁
心想吐，逼得他不得不找醫生治療。

　　醫生告訴他：「別再抽煙了，不然這個情況會越來越嚴
重！」

　　老煙槍聽了，只好乖乖配合，但不久之後，他又來找醫師，
說：「醫生，請你再幫我看一看，嘔吐症狀是不是由其他原因導
致？」

　　醫師不解地問：「為什麼？」

　　「呃，因為我想，我如果能再嚼幾口煙草，抽幾根煙，也許
能找到更多問題。」老煙槍說。

　　很妙的要求，卻也讓人忍不住感嘆，人們總是寧願以性命換取那麼一丁點的慾望滿足，仔細想想，多麼得不償失哪！

　　接下來我們再舉一例，或可得到更進一步的深思啓發：

　　有個男人說要戒煙好幾次，總是看不見成效。

　　這天，他又掏出了一根煙，神情愉悦地抽起來。

　　這時，身邊的好友立即提醒他：「喂，抽煙的壞處很多啊！這不只浪費錢，更傷身體。你在想抽煙的時候，不如買兩根冰棒來替代。」

　　「我早試過了，可那冰棒怎麼也點不著呀！」男子說。

　　冰棒點不著，那生命呢？

　　生命似長猶短，多向前走一步，長度也跟著減少一步，我們當然要以最積極的態度保護自己。

　　不是所有慾望燃起時都得幫它止渴，好的慾望我們可以積極迎合，好比爲求健康，反之，不好的慾望，比方對名利的渴望、只爲滿足一時口腹之慾的想望，便應當適時制止，因爲就算解得了一時之渴，也解不了後續無止盡的需求。

　　凡事應多爲自己著想，也多爲關心自己的人想想。

　　生命無法重來，唯有把握此刻當下，及時改正錯誤的生活態度與觀念，繼續的人生之旅，方能笑看美麗的風景。

適度諷刺不肯付出的人

對於那些不肯付出只知坐享其成的人，我們要
逼著他們改正錯誤的生活態度，不應該一味地
施予。

某處村莊，有很多懶惰的流浪漢常在街上乞討，他們不打理
自己，也不工作賺錢，總是厚著臉皮伸手向人強索東西，百般無
賴地向人追討。若是人們不給，他們便不放手讓對方離開，即使
罵他們打他們，他們也一點都不在乎。

其中有個乞丐一天到晚到朱哈家光顧，這天，他又來敲門，
朱哈走了出來，一看見又是那個流浪漢，不禁板起面孔，冷冷地
問道：「你來幹什麼？」

看見朱哈的冷眼，流浪漢忽然臉色一變，以非常嚴肅正經的
口氣說：「我是真主的客人。」

「原來是真主的客人，請跟我來。」朱哈說完，便要流浪漢
跟著他走。

兩個人就這麼一直走到附近的一間清真寺門口，接著，朱哈
轉身對著流浪漢說：「真主的貴客啊！這裡才是真主的家。」

好逸惡勞的人鮮少懂得自制自律，就算來到真主面前，到底
有多少人能真正醒悟，又是另一個疑問。

　　其實，人們之所以走上歧路，多是因為不肯付出辛勞，不願用自己的勞力換取所得。朱哈的舉動雖然表達了嘲諷，可是看著犯罪率居高不下也不是辦法，我們應該想個更積極的對策來解決問題。

　　據說曾有某個地方的犯罪率一夕之間劇減，這個情況讓不少人感到好奇，各界在仔細探究之後，終於查出原因。

　　原來，當地監獄貼出了這樣一則公告：「舉凡因為犯罪或有犯罪嫌疑而送入本處所者，從今日開始，食宿費用一律自行負擔。」

　　看到這則公告，你是否會忍不住鼓掌叫好？

　　曾經聽過這麼一則笑話：有個中年男子到某間便利商店偷東西，但是他和一般竊賊不同，拿了東西之後沒有立刻逃跑，反而坐下來，慢慢地把東西吃完，安靜地等著警察出現。

　　警察看見他後，第一句話竟是：「怎麼又是你啊？」

　　原來，不肯用心找工作的中年男子，認為獄所裡有住有吃，吃不了苦的他為了再過「好日子」，便再度犯罪。

　　將這則笑話與前段事例相連結，似乎找到了一個可行的犯罪防治法。

　　權利義務要平均分擔，對於那些不肯付出只知坐享其成的人，要逼著他們改正錯誤的生活態度。我們不應該一味地施予，而要杜絕乞者的貪婪索討，然後更進一步建立他們積極生活的能力與自信。

8. 用歡笑代替氣惱

碰到尷尬的情況，用不同的情緒去面對，

就會有不同的結果，

用幽默心情帶過，笑聲可以解決氣惱。

把別人的噓聲變成掌聲

演講者面對惡意破壞所做的機智反應，由於幽默意味十足，也能造就演講的另一個高潮，讓人意猶未盡。

用幽默面對生活中的各種難題，無疑是最好的處世智慧，只要能用輕鬆的心情去面對不如意的事情，就能避免很多不必要的衝突、矛盾、爭論、對立。

美國專欄作家盧克瑟，某次參加匹茲堡新聞俱樂部午餐會。

會上他應邀上台講話。他首先站起來向主席道茲先生敬禮，然後問道：「我可以講多長時間？」

主席笑嘻嘻地說：「這並沒有限制，你願意講多久就講多久，就看您的興致了。不過，我們大家吃完飯就會自動離開。」

每個人一生中難免碰上幾次上台講話的機會，可能是教室裡、宴會上、辦公室，或者其他社交場合，這件事對於很多人來說，都是極大挑戰。

在演講中，因主題關係有時避免不了長篇大論，就算言之有物，也難免讓人感到疲倦，無法集中注意力，甚至私下聊起天來。這時候，適度穿插相關的「幽默」話題，才能讓人提振精神。

美國前國務卿季辛吉在某次宴會中致詞，當他發現底下一直傳來竊竊私語聲時，突然說：「各位外交官先生，你們的周圍都是新聞記者，說話得要留神；各位記者先生，你們的身邊都是外交官，對他們說的話別太認真了。」

　　這樣一句幽默的話，不但解決了噪音問題，還可以製造趣味氣氛，真是一舉兩得。然而，並不是每個聽眾都有一定水準和度量，面對不喜歡的議題，可能做出不禮貌的反應，面對噓聲時，又該如何應對呢？

　　某次，英國作家查理斯・蘭姆應邀向公眾演說。在演說進行中，有幾個人故意搗亂，發出「噓噓」的怪聲。
　　作家說著說著突然話鋒一轉，說道：「據我所知，只有三種東西會發出噓噓聲，那就是蛇、鵝鳥和傻子。你們幾位能到台前來，讓我認識一下，是這三種東西的哪一種嗎？」
　　台下的噓噓聲頓時消失，同時爆出滿堂掌聲。

　　以子之矛攻子之盾，就是演講者面對惡意破壞所做的機智反應，由於幽默意味十足，也能造就演講的另一個高潮。最後，要讓演講漂亮結束，讓人意猶未盡，說幾句輕鬆話，能令人印象深刻。

　　「今天的愛情心理就講到這裡，只要照我說的去做，保證你們個個打光棍，當然這是絕對不可能的。」
　　「今天，我談了城市發展的未來前景，我堅信未來五十年

後，在座的各位都有一輛小轎車。不過，今天還得委屈各位去擠公共汽車了。」

「今天晚上離開時，希望大家記住一件事──你的停車位置。」

講台上的幽默有太多的學問，最重要的，還是事前的準備。確定演講的主題、蒐集資料，了解自己的聽眾，不管是年齡層、知識程度、行業等等，都是事前必須做到的功課。

只要準備充足，再加上適度的幽默感，必能完成一場精采的演講。

不能開罵，就含蓄表達

> 面對不能直說的話，又不想昧著良心說謊，含蓄表達不失耐人尋味的方法，除了表現說話技巧外，也考驗聽眾的理解力和想像力。

一對剛結婚沒多久的年輕夫妻，在汽車旅館訂了一間房間，妻子在床邊發現一個小盒子，問丈夫說：「這是幹什麼用的？」

「如果你投下十元硬幣，」他一面伸手進口袋取出十塊錢，一面回答：「這床鋪就會震動。」

「別浪費！」妻子羞紅臉，笑著說：「我也會動。」

簡單的一句「我也會動」，暗藏無限春色，其中的刺激程度，就看每個人的想像力而定了！

把重點隱藏起來，話說得不明顯、有些模糊，卻能讓人明白意思，就是一種含蓄的說話方法，也是幽默的一大技巧。

從前有兩個腦袋不怎麼靈光的考生，相約一同上京趕考。

一天，兩人經過一座山，看見山上有一座廟，商量過後，決定燒香許願，求神明保佑他們高中。

廟門上方高懸著一塊匾，寫著「太祖廟」。不知怎麼搞的，這兩個考生卻誤看為「大姐廟」。

到「大姐廟」燒香許願，該供什麼呢？兩人想來想去，最後決定買幾尺上好的綢緞，請人做一套鳳冠霞帔，再買些脂粉和頭花來。

　　等到一切準備就緒，兩個考生馬上帶著這些供品走進廟裡。一看神像，他們兩個都愣住了，神位上坐的哪裡是大姐？明明是一位蓄著長鬍的紅臉大漢，手拿盤龍棍威風凜凜地坐在馬上哩！

　　其中一個人腦子轉得快，就說：「大概大姐有事外出，留下大姐夫看廟吧！」

　　於是，他們一個給趙太祖塗脂抹粉，一個給趙太祖穿霞帔戴鳳冠。忙完之後，他倆雙雙跪下，禱告道：「願大姐夫保佑我倆金榜題名！」

　　轉眼到了三月三日，是王母娘娘設蟠桃宴會各路神仙的大日子，趙太祖也應邀前往。神仙們見趙太祖竟然這般打扮前來赴宴，都笑得彎腰，連頭上的帽子也被震得東倒西歪的。

　　趙太祖只好說：「我也不知是怎麼回事，只知道是兩個姓『白』的『小舅子』替我穿戴上的！」

　　身為高高在上的神明，為了維持該有的形象，就算趙太祖再怎麼無奈，也不能用「國罵」來發洩情緒。不過，他倒是含蓄的表達出心中無奈。

　　姓「白」，實乃「白癡」也；「小舅子」，一方面自嘲自己「姐夫」身分，也再一次質疑兩個考生的智商出問題。

　　面對不能直說的話，又不想昧著良心說謊，含蓄表達不失耐人尋味的方法，除了表現說話技巧、水準外，也考驗聽眾的理解力和想像力。

最受普魯士國王腓特烈二世寵幸的一名宮女消失一段時間後，又在宮廷裡露面了，有關她消失原因的傳聞使她大為懊惱。

　　有一次，她向當時正借住在宮廷裡的哲學家伏爾泰抱怨：「他們議論我，說我離開宮廷是為了到鄉下生一對雙胞胎。」

　　「什麼也別相信，他們盡是胡說八道。」伏爾泰安慰她說：「別為那些謠言煩惱，在宮廷聽到的話，我只信一半。」

　　「只信一半」，一方面要宮女對傳言別太認真，另一方面也暗指，或許她真的躲起來生了一個孩子也不一定。

　　這樣說法可說是高明又幽默，讓人回味無窮。

善用文字遊戲，讓人無從抵禦

運用文字遊戲的方式，表達出更加令人深省的學問，顛倒有理，深度加倍，這就是幽默帶來的力量。

甲說：「世界上沒有絕對的東西，你說是嗎？」

乙答：「是的，你說的話絕對正確。」

文字的奧妙，能夠使很多語言在形式上是否定的，可是真正的含意卻是肯定的。光明正大佔人便宜，對方卻莫可奈何，這是運用文字遊戲的最高境界。

美國著名小說家馬克・吐溫在小說《鍍金時代》裡揭露了美國政府的腐敗，和政客、資本家的卑鄙無恥。

小說才推出就引起轟動，有不少記者前來訪問，當他們問到，對國會有何看法時，馬克・吐溫回答：「在美國國會中，有些議員是狗娘子養的。」

這句話一說出，所有報紙紛紛轉載，全國譁然，連國外報刊也刊登了這則消息。美國國會議員為此暴怒起來，群起圍攻，堅決要求馬克・吐溫公開澄清問題並道歉，否則將採用法律手段。

過了幾天，馬克・吐溫終於在《紐約時報》上刊登致聯邦議

員的「道歉啟事」，內容寫著：「日前鄙人在酒會回答記者問題時發言，說：『美國國會中有些議員是狗娘子養的。』事後有人向我興師問罪。我考慮再三，覺得此話不恰當，而且不符合事實。故特此登報聲明，把我的話修改如下：『美國國會中，有些議員不是狗娘子養的。』」

世界著名繪畫大師畢卡索畢生反對侵略戰爭。

第二次世界大戰期間，德國軍人經常出入位於巴黎的畢卡索藝術館，這些不速之客當然受到畢卡索冷漠的對待。

有一次，畢卡索發給每個德國軍人一幅他的名畫「格爾尼卡」的複製品，這幅畫描繪了西班牙城市格爾尼卡遭到德軍轟炸後的慘狀。

一位德軍軍官指著這幅畫問畢卡索：「這是您的傑作嗎？」

「不，」畢卡索嚴肅地說：「這是你們的傑作！」

馬克‧吐溫表面是屈服於國會壓力，不得不寫了一則道歉啟事，但是實際上，那些議員再度被他嘲諷了一番，「有些是」，則表示有些不是，「有些不是」，則意味著有些是，結果都一樣，國會的議員的確是狗娘子養的。畢卡索則巧妙轉換角度，暗諷德軍帶來的戰後破壞。

運用文字遊戲的方式，表達出更加令人深省的學問，顛倒有理，深度加倍，這就是幽默帶來的力量。

看不清楚也是一種幸福

讓「幽默」成為我們的生活導師，凡事不要看得太清楚。知道重點就可以了，至於細節，就讓它笑笑帶過吧！

「我一向不喜歡過分好奇打聽你的私事，可是，有一件事已經折騰我好幾天了。」妻子對丈夫說。

「是嗎？那就說來聽聽。」丈夫說。

「上星期五，你收到一封信，信上有香水味，而且是女孩子的筆跡。你拆信時，突然頭冒冷汗，臉色發白，雙手發抖。看在上帝的份上，信是誰寫的？」妻子顯然懷疑丈夫有了外遇。

「我想咱們現在最好不談這件事。」

「看在上帝的份上，」妻子尖叫說：「告訴我是誰寫的？」

「那好，如果你真的想知道的話。」丈夫無奈地回答說：「是服飾店寫來的，說妳已經欠了三千九百元美金！」

每個人的人生，快樂跟憂愁只有一點點的距離，就像站在一扇門中間，你可以選擇往快樂走，也可以讓自己陷入憂愁。

故事中的丈夫選擇快樂，讓自己幽默地看待妻子的帳單。

幽默就像瞎子摸象，每個人摸到的地方都不同，感觸也不同。

　　有兩個瞎子一起走路，一邊走一邊聊天。其中一個突然問道：「你說世間最好命的是什麼人？」

　　另一個答道：「當然是我們瞎子啦！」

　　前一人跟著說：「對，明眼人終日勞碌奔波，尤其是農夫最辛苦，哪能像我們悠哉悠哉地過日子？誰也比不上我們好命啊！」

　　他們的話，被迎面走來的幾個農夫聽見了，心裡不服氣的農夫們便假裝成官員出巡，說他倆沒有迴避讓道，於是舉起鋤把他們各自打了一頓，然後吆喝而去。之後，農夫們又悄悄跟在他們後面，偷聽他們對話。

　　只聽見其中一個瞎子對同伴說：「到底還是瞎子好呀！要是明眼人不迴避官員，打了還要治罪哩！」

　　瞎子真的好命嗎？或許對他們來說，的確有平常人所沒有的樂觀和清靜。因為看不見，少了一點紛擾；因為看不見，不愉快後反而能享受他人對盲人的禮讓；因為看不見，在災害解除後，有加倍重生的喜悅。

　　讓「幽默」成為我們的生活導師，凡事不要看得太清楚。知道重點就可以了，至於細節，就讓它笑笑帶過吧！

用歡笑代替氣惱

碰到尷尬的情況，用不同的情緒去面對，就會有不同的結果，用幽默心情帶過，笑聲可以解決氣惱。

有一個督學來到郊區一所小學視察，其中一班的學生特別吵鬧，讓他非常不高興。他氣沖沖地走進教室，抓住一個吵得最大聲、也長得最高的人，拉到教室外警告他說：「站著別動，直到你悔過為止。」

督學說完就走進教室，向其他學生訓話一番後，一個小孩走上前來。

「先生，」他說：「可不可以把我們的老師放了還給我們？」

試想，這位督學該如何應付這種尷尬場面呢？

如果他有點幽默感，就會設法適時幽自己一默，如果沒有幽默感，恐怕就得陷在難堪的窘境之中，不知如何是好了。

面對窘境，不妨試著發揮自己機智，如果你懂得發揮創意，勇於幽自己一默，許多難題都會迎刃而解。

幽默的形式有很多種，是無所不在的，事情發生的當下，或許不覺得有什麼好笑，甚至感到丟臉。一旦事過境遷，隨著心態

轉變，幽默感發揮作用，就會讓你舒坦許多。

有兩家鄰居，一戶姓王，一戶姓李。王家媳婦聰明伶俐，常常受到鄰人的讚揚，李家媳婦聽了，總是酸溜溜的，心想：「哼，我比她不知聰明多少呢！只是沒人發現而已。」

有一天，王家媳婦見有人在家門打她家的耕牛，連忙趕了出來，對那人罵道：「我家這頭牛，是北京來的牛，你打死我的牛，我要你做我的牛！」

那人聽了，連忙向她賠不是。

李家的男人將這件事告訴了妻子，又誇獎王家媳婦一番。

李家媳婦不以為然地說：「這樣的話，誰不會說呀？」

過了幾天，李家媳婦見丈夫在家門前跟一個人打架，立即衝出門來，指著那人大罵：「我家丈夫，是北京來的丈夫，你打死了我的丈夫，我要你做我的丈夫！」旁人一聽，笑得眼淚也流了出來。

有一天，張秀才去拜訪侯秀才，恰好侯秀才有事出了門，他正要告辭時，侯太太彬彬有禮地問：「先生貴姓？」

張秀才答道：「小姓張。」

侯太太又問：「是弓長張，還是立早章？」

張秀才畢恭畢敬地回答：「弓長張。」

侯太太跟著又問：「張先生用過午膳了嗎？」

張秀才點頭表示用過了。

侯太太見了立即端上茶來說：「張先生，茶粗水淡，您就將就用點吧！」

張秀才回到家裡，向妻子說起這事，稱讚了侯太太一番。

妻子不以為然地說：「這有什麼了不起的，難道我就不會說嗎？」

　　過了幾天，侯秀才來回拜，張秀才客氣地把侯秀才迎進門來，張太太趕緊上前問道：「先生貴姓？」

　　侯秀才回答說：「小姓侯。」

　　張太太跟著問：「您是姓公猴的猴，還是母猴的猴？」

　　侯秀才聽了，忍不住哈哈大笑！

　　如果家中有這樣的「寶貝蛋」，笑聲必會多過斥責聲。生活中的每一天，我們都會有喜、怒、哀、樂不同的情緒。碰到尷尬的情況，用不同的情緒去面對，就會有不同的結果。

　　弄「拙」了事不打緊，用幽默心情「巧妙」帶過，笑聲可以解決氣惱。

過於省略，容易造成誤會

> 說話過於簡潔也容易造成誤會，萬一犯了對方的禁忌，就不是一件好事。適當的言詞，才能產生適當的「笑」果。

有一個人要出遠門，又怕有人登門拜訪，就囑咐他兒子說：「如果有人問你令尊在否，你就說他有事外出，請那客人進來坐一會兒，為他送上一杯茶。」那人知道兒子一向很傻，怕他忘了，還特地將這三點寫在紙上交給他。

兒子把紙放在衣袖裡，常常取出來看，生怕忘了。可是到了第三天，連個客人也沒有，他認為這紙沒用處了，索性就燒掉了。

沒想到第四天忽然來了一個客人，問他：「令尊在嗎？」

他摸摸衣袖，找不到那張紙，就說：「沒有了。」

客人一嚇，急忙問：「幾時沒有的？」

他回答：「昨夜燒掉的。」

說話時，如果沒有注意前後主詞，就很容易鬧出笑話來，這也是生活趣味的一面。雖然要盡量避免這類型誤會，但是也不妨享受一下其中帶來的樂趣。

從前，有個酒鬼昏官，從來不問政事，一天到晚杯不離手。

　　某天，昏官在後堂喝得醉醺醺的，突然聽到有人擊鼓告狀，立即放下酒杯，跟跟蹌蹌地出來升堂。

　　一見擊鼓鳴冤的是個窮老百姓，氣他掃了酒興，昏官把驚堂木一拍，喝道：「公堂之地，鬼哭神號，成何體統！來人啊，給我狠狠地打！」

　　差役們七手八腳將那窮百姓拖下去按倒，一個差役舉起板子正要開打，突然又放了下來，轉身向昏官稟道：「老爺，打多少呀？」

　　昏官瞇著朦朧的醉眼，伸出三個指頭，不疾不徐地說：「不可多打，也不可少打，給我打三斤吧！」

　　有個年邁的父親為自己的呆兒子娶了一房好媳婦。拜完堂，入了洞房後，兒子覺得新奇又不知所措，就問媳婦：「呵呵，我該叫妳什麼呢？」

　　妻子又好氣又好笑，就回了一句：「閻王爺。」

　　熄了燈後，夫妻各睡一頭。妻子見丈夫毫無動靜，就用腳去勾他。呆兒被勾醒後，不知如何是好，只好向睡在隔壁房間的父親「討救兵」。他大喊：「爹，快來啊！閻王爺在勾我。」

　　他爹一聽是閻王勾魂，嚇了一跳，就大聲請求說：「閻王爺啊閻王爺，我兒子還年輕，我已經老了，要勾就勾我吧。」

　　從前有個農夫，為人老實憨厚，入贅給隔壁鄉一戶人家當女婿，鄰人都叫他做「姐夫」。

　　某一次，有個惡棍欺負他是外地人，就將他家的看門狗打死，拖去煮了吃。他氣憤不過，便要到縣衙門告官。臨走前，請

村裡一名秀才替他寫狀子。秀才問他叫什麼名字,他說:「我自幼是個孤兒,連個名字也沒有,自從入贅後,大家都叫我『姐夫』,你寫『姐夫』就得啦!」

第二天早上,農夫來到縣衙門,把狀子呈上。縣官看了狀子,把驚堂木一拍,喊道:「傳姐夫上堂!」

眾衙役聽了,便齊聲吆喝著:「傳姑爺上堂!」

縣官一聽,勃然大怒,斥道:「我說傳姐夫,誰叫你們傳姑爺?混帳!」

衙役們慌忙分辯說:「既然是老爺的姐夫,我等就該稱姑爺啦!」

不管是「被燒掉」的父親、「打三斤」的板子、勾魂「閻羅王」,還是縣官的「姐夫」,這類說話過於省略而造成的笑話,常讓人忍不住哈哈大笑。

相對的,過於簡潔也容易造成誤會,萬一犯了對方的禁忌,就不是一件好事。適當的言詞,才能產生適當的「笑」果。

裝糊塗，才能扮豬吃老虎

真正的高手，是深藏不露的，把自己看得笨拙
些，其實是一種更高明的境界，將智慧藏起來，
才是大智若愚的幽默法寶。

有個北方人到南方做官，某次出席宴會，席上擺有菱角。他從來沒有見過這東西，便連殼一起放進嘴裡咬了下去，結果「啪」的一聲，牙差點沒咬斷。

同席有個人偷偷告訴他：「菱角要去掉殼才能吃呀！」

北方人知道自己出了洋相，連忙掩飾道：「我當然知道要把殼去掉，我之所以連殼一起吃掉，是想清清腸胃裡的熱毒呀！難道你們不知道菱殼有清熱解毒的效果嗎？真是沒知識！」

那個人聽了，好生奇怪，就問：「北方也有菱角嗎？」

北方人為了不失面子，繼續胡謅說：「這東西北方可多了，前山後山，遍嶺滿坡都長著哩！」

菱角是在水中生長的植物，北方人對菱角生長的描述，無疑是自曝其短。

再有學問的人，也不可能盡知天下事，面對未知的人事物時，必定要多點謹慎，先觀察情況，再決定下一步該如何應對。扮豬吃老虎，有時候也是大智若愚的幽默表現。

　　有個財主聽到許多關於阿凡提的傳聞，又看見那麼多人崇拜他，非常不以為然。於是，便騎著馬，趕了大老遠的路，就為了找阿凡提鬥智。

　　第二天上午，財主看到一位農人正吆喝驢子犁地，便大聲喊他：「喂，聽說你們這兒有個阿凡提是嗎？我是來找他鬥智的，你去把他叫來吧！」

　　農人慢條斯理答道：「阿凡提為人又狡詐，小心上當啊！」

　　財主沒好氣地說：「你快把他叫來，我就讓他出醜給你瞧瞧！」

　　農人高興地說：「好，你就在這裡替我看看毛驢和犁，我立即騎你的馬去把他找來！」財主一口答應，農人便騎上財主的馬，一溜煙跑了。

　　財主一直等到天黑，卻不見農人身影，只好騎上那頭慢吞吞的毛驢進城裡投宿。第二天一早，財主在城裡看見農人，大罵他是個騙子，農人笑道：「告訴你，我就是你要找的那個阿凡提呀！」

　　財主一聽，羞得無地自容，趕忙溜走。

　　漫畫劇情中，一個最常見的現象就是，越是能力差的對手，在開始作戰之前，必定大肆宣揚自己的能力！

　　真正的高手是深藏不露的，愚蠢又自大的行為，只會加快失敗的速度。有時候把自己看得笨拙些，自認糊塗，其實是一種更高明的境界。

　　幽默家並不把智慧放在臉上，而是將智慧藏起來，假裝癡呆，故說蠢言，這才是大智若愚的幽默法寶。

9.

懂得幽默，就能輕鬆溝通

很多遺憾萬分的事，都是起因於溝通不良，
引爆點往往是微不足道的小事。
如果幽默一點，看著自大自捧的人表演，
也是一件有趣的事。

遭到不平待遇，記得幽默反擊

面對難以解決的情況時，就將所有不快包在幽默話語中反擊回去，不但可以避免互相叫罵的場面，還可以宣洩情緒。

某個軍營裡，連長經常巡視食堂的狀況，檢查伙食，雖然歡迎士兵批評，但是實際上提出來也沒有什麼用。

有一天，中午推出的菜湯特別難喝，幾乎沒人想動碗。

連長見了便問：「大家對中午的伙食有沒有意見？」

「報告連長，有。」一個新兵大膽舉手說：「我的湯裡有一塊碎布。」

「我的湯也有。」

「我的湯裡有一顆鈕釦。」越來越多的新兵附和。

「報告連長，」這時值星官乾脆說：「要不要清點一下伙夫人數！可能有一個掉下鍋裡去了。」

生活中難免碰到使人不滿，或者無法在當下改變情勢的時候，這時候，幽默式的嘲諷就成為最好的反擊武器，這種說法藝術可以讓對方尷尬、出糗，卻不能反擊，以免自打嘴巴。

杜羅夫是俄羅斯非常出名的馬戲團丑角演員，某一次演出的

休息時間，一位觀眾走到他身邊，半笑著撇嘴問：「丑角先生，你非常受到觀眾歡迎吧？」

「還好。」杜羅夫謙虛回答。

「想要在馬戲團中受到歡迎的丑角，是不是就必須具有一張愚蠢且醜怪的臉蛋呢？」觀眾傲慢且自大的說。

「確實如此。」面對觀眾的嘲諷，杜羅夫一點也不生氣，回答說，「如果我能生出一張像您那樣的臉蛋兒，一定能拿到雙薪。」

英國首相邱吉爾常常受到來自各方的惡言攻擊。在一次議會上，一位女議員恨恨地對他說：「如果我是你的妻子，就在你的咖啡裡放毒藥。」

邱吉爾也馬上回答道：「如果我是妳丈夫，我就馬上把它喝下去。」

美國總統林肯從來不擺架子，有些事只要自己能解決，就盡量不讓別人代勞，包括一些日常瑣事也不例外。

有一天，某位外國外交官看見林肯在擦自己的靴子，便帶著嘲諷的口氣問他：「嗯，總統先生，你經常擦自己的靴子嗎？」

在這位外交官看來，總統自己動手擦靴子，未免有失體統。

林肯答道：「是啊，難道你經常擦別人的靴子嗎？」

某位參選議員落選後被說服參加那些曾攻擊過他的獲勝者招待會。最後請他發言時，他說：「我要向那些和我一同競選對手的誠實表示衷心祝賀，他們說過，任何一個最愚蠢的人都可以戰勝我！」

安妮・蘭德斯是美國《太陽時報》的專欄作家，以機智幽默聞名。在一次大使館的招待會上，一位相當體面的參議員向她走來，開玩笑說：「妳就是安妮・蘭德斯吧，說個笑話吧！」

　　安妮小姐毫不遲疑地答道：「你是政治家，說個謊話吧！」

　　諷刺式的幽默，可以沖淡不愉快的氣氛，以及不悅的心情，對付那些不懷善意的人，不但可以避免互相叫罵、耗損形象的場面，還可以宣洩情緒，甚至為自己博得機智美名。

　　面對難以解決的情況時，就將所有不快包在幽默話語中反擊回去，以其人之道還治其人之身，尤其身處是非之地的人們，更需要具備這樣「用幽默打破沈默」的言談技巧，才能適時保護自己。

能夠自嘲就是充滿自信

只有自卑的人，才無法拿自己開玩笑，真正有
自信的人，可以知道自己的優點，面對自己的
缺點，並接受它。

一對夫妻翻著相簿，回憶當年認識的往事時，丈夫對妻子說：「親愛的，那時候的妳，擁有可口可樂般的身材呢！」

「親愛的，」妻子微笑答道：「我現在仍然有可口可樂的身材，只不過現在是兩公升裝的而已。」

外貌、身材常是人們最在意，也最容易被拿來開玩笑的話題。很多人無法面對自己的「不夠完美」，長期生活在被人當作話題的陰影下，不免自卑自棄。

遇到這種時候，就要設法用幽默化替沈默，只要能勇敢面對，在談笑裡像文中的妻子般自嘲，反而能淡化缺點，讓人覺得可愛。只要有自信，就會散發出喜悅氣氛，吸引他人的注意，這時要和人打成一片就更容易了！

從前有個百萬富翁，胖得像頭大肥豬。到了夏天，常常因為天熱難耐，只好躺在大廳上乘涼，可是就算大廳所有的門窗全都打開，他還是熱得渾身大汗，流個不停。富翁熱得受不了，連忙

將僕人喚來，要他為自己搧風。僕人拿來一把大扇子，不停地替他搧著，他嫌不夠涼快，叫僕人出點力猛搧。

　　搧了半天，富翁才覺得心裡和身體的暑氣全消，摸一摸身上，半滴汗珠也沒有，不禁心情大好，笑著說：「咦，我的汗哪裡去了呢？」

　　僕人又累又熱，一邊擦著額頭上豆大的汗滴，一邊沒好氣地答道：「老爺，您的汗全都跑到我的身上來啦！」

　　美國幽默作家班奇利在報上發表的一篇文章中寫道，他花了十五年時間才發現自己沒有寫作的才能。

　　有位讀者沒能體會出作家是以幽默的語言，表達謙虛的意思，竟十分認真地寫了封信給作家，在信中勸他說：「你現在改行還來得及。」

　　班奇利回信給這位讀者說：「親愛的讀者先生，來不及了。我已無法放棄寫作，因為我太有名了。」

　　拿自己開玩笑，面對自己的錯誤或缺點，不但可以幫助自己勇敢面對它，甚至能將缺點轉為優點，就像歌手趙傳曾經唱過的一首歌〈我很醜，可是我很溫柔〉，反讓人留下深刻的印象。

　　一位獸醫半夜接到一個老太太打來的電話。

　　「對不起，打擾你了。我的兩隻小狗搞在一起，無法把牠們分開。」

　　「朝牠們身上澆桶冷水。」獸醫邊打哈欠邊建議。

　　「我已經這樣做過了，可是牠們根本不理會。」

　　「那麼……妳可以用棍子打牠們。」

「這個我也做過了，可是牠們依然如故。」

「好吧。」獸醫無可奈何地說：「把電話放好，抱牠們到電話旁邊，等會我打個電話給牠們。」

「這樣會有效嗎？」老太太疑惑地問。

「當然有！」獸醫回答道：「妳剛才就是那樣把我們分開的。」

　

獸醫為了安慰自己閨房之樂被中斷的苦處，只能自我解嘲。

自嘲是一種圓融處世的幽默藝術，除了可以解決生活中大小不愉快的事外，還可以幫助自己更有自信。自嘲和貶低自己是不同的，是在不傷自尊的情況下，用幽默的態度面對自己的缺陷，讓別人了解，並且體諒。

適時的自我調侃可以化解尷尬場面，只有自卑的人才無法拿自己開玩笑，真正有自信的人可以知道自己的優點，面對自己的缺點，並接受它。

用誇張的幽默打破冷漠

「誇張幽默」有恐嚇意味，但是換個角度想，
這也是一種另類關懷法，可以打破橫阻於彼此
之間的沈默與冷漠。

馬來西亞柔佛市的道路旁，到處張貼著交通部製作的海報，
上頭寫著：「閣下駕駛汽車，時速不超過三十英哩，可以欣賞本
市的美麗景色；超過六十英哩，請到法庭做客；超過八十英哩，
歡迎光顧本市最新醫院；上了一百英哩，就踏上通往天堂之
路！」

墨西哥一個邊境小城市入口處，也懸掛著一些醒目又幽默的
交通告示：

「請司機注意，本城一無醫生、二無醫院、三無藥品。」

「不要拿生命做賭注——這是你唯一的王牌。」

「此處已摔死三人，你願意做第四個嗎？請加速向地獄飛奔
吧！」

對於交通安全的勸導，說再多好話也沒用，只有用誇大的「死
亡標語」才會讓駕駛員多一點警戒。

誇張的幽默，不但讓人印象深刻，也可以忘卻痛苦，添一點

樂趣。正確來說，就是將「痛苦」提出來，用誇張的手法將它放大，再去看它時，就會有不同的感受，讓人因此轉移注意力，避免繼續鑽牛角尖。

從前有個人，自小做事就是隨隨便便、馬馬虎虎的，嘴裡老是說著這樣一句口頭禪：「三九二十九，大數勿走，差不多，差不多！」因此大家都他叫「差不多先生。」

有一天，鄰居見差不多先生家裡的一堵泥牆快要倒塌，便勸他趁早拆下重修，以防不測。可是，他只用一根木頭撐一撐，說道：「三九二十九，大數勿走。何必花費，這一撐也就差不多啦！」

話才剛說完，「危」牆轟地一聲塌了下來，把他壓在底下。

差不多先生的傷勢很重，老婆叫孩子去請醫生，一會兒孩子回來說：「醫生到外村出診了，晚上才回來。」

老婆著急地問：「還有別的醫生嗎？」

孩子答道：「醫生倒還有一個，可他是個牛醫。」

差不多先生聽了母子兩人的對話，勉強開口說道：「趕快把他請來，醫牛跟醫人其實也差不多……」

就這樣，牛醫被請來了。他用醫牛的方法替差不多先生醫治內傷，不但沒有把他治好，反而使病情加劇。

眼看差个多先生快死了，老婆孩子個個哭成淚人兒，差不多先生卻用最後一點力氣說：「別傷心……死人跟活人除了少一口氣……其他的也差不多……」

看完了差不多先生的遭遇，讓人很難為他感到難過，甚至會想大笑，誇張的幽默可以讓人放鬆心情，不再執著於「死亡」這

件事。

　　有時候人們會認為，「誇張幽默」有恐嚇意味，但是換個角度想，這也是一種另類關懷法，可以打破橫阻於彼此之間的沈默與冷默。面對誇大又好笑的「安慰」，至少有一半的憂慮會被笑聲趕走。

　　試著欣賞、運用誇張的幽默，它能帶你走出人際交往的困境。

用幽默的方式拒絕讓步

拒絕之後也不傷害到彼此關係，就是一個成功的拒絕法，如果懂得讓幽默來帶領氣氛，說不，不是一件為難事。

現實生活中，我們常常拒絕別人，也常常遭到拒絕，懂得用幽默機智的方式面對，無疑是圓融處世的關鍵。

某間教會來了一個新牧師，為了鼓勵教友作禮拜，用了一種獨特的手法。

第一次對信徒們佈道時，他對大家宣佈：「如果你們不願意讓牧師到你家去看你，那麼每個星期天就要到教堂來。」

人都會有拒絕別人與被拒絕的時候，不管是哪一方，多少都會覺得尷尬、不好意思，不能避免這種狀況時，不妨讓幽默扮演其中的潤滑劑。

美國幽默作家馬克·吐溫聲名大噪後，許多想攀援附勢的人紛紛出現，每天登門拜訪的多不勝數，各式各樣的理由都有，說穿了就是為了和大作家扯上一些關係。除此之外，馬克·吐溫收到的信件多如雪片，除了仰慕他的讀者外，也不乏這類無聊人

士。

其中最特別的，就是將自己的照片寄給馬克‧吐溫，並聲稱自己和作家相貌酷似，以此要求作家回答問題，而且為數不少。

他們總是要求馬克‧吐溫告知對自己印象如何，未來是否也能像他一樣成為知名人物等等各式各樣的怪問題。

馬克‧吐溫非常討厭這些日漸增加的無聊來信，於是擬好一封回信，印製數份，分寄給每個詢問者，信中內容是這樣寫的：「先生，由衷感謝您的來信和照片。正如您所期望那樣，閣下的尊容比所有那些像我的人更與我相似。我感到非常榮幸地通知您：您之像我，甚至遠遠超過我之像我。每當我早晨修臉找不到鏡子的時候，自然而然就用您的照片來代替了。」

用恭維的方式拒絕對方，不但讓人心情好，又不會傷害到別人，甚至可以感受到自己獨特的幽默感。

有一次，海明威在哈瓦那的一場宴會上，遇到一個才無半斗，卻眼高過頂的作家。他纏著海明威交談，希望能攀點關係，好幾次海明威找藉口想脫身，那位作家卻糾纏不休。

直到宴會快結束，那位作家才向海明威表示他的願望：「海明威先生，我早就有心為你寫傳記了，希望你死了以後，我能獲得為你寫傳記的殊榮。」

海明威不喜此人，又不想撕破臉，就笑著回答道：「既然我知道你想為我寫傳記，就不得不設法活久一點了！」

海明威有一個習慣，就是躺在床上讀書、寫作。某一天早上，有個記者要來採訪，他向來不愛出風頭，可是又不方便拒

絕，只好讓人請他到臥室來。

記者進了臥室，看見海明威躺在床上沒有起身的意思，又找不到椅子坐，只好尷尬地站在那裡。

這時，海明威的太太走進來，看見了這種場景，便說：「你自己躺著，讓客人站著，這像話嗎？」

他想了想，折衷說：「好吧，叫僕人在這裡加個床位。」

海明威的拒絕方式，雖然有些戲弄，卻不失幽默。

拒絕他人，本來就不是一件容易的事，還要視對象拿捏自己的態度，該堅持的時候就不能讓步。這時候，就要運用幽默的說話方式。

拒絕之後不傷害到彼此關係，就是一個成功的拒絕法，如果懂得讓幽默來帶領氣氛，說不，不是一件為難事。

幽默的態度可以避免正面衝突

幽默的態度能避免正面衝突，使爭執場面和緩下來，適時的自嘲則能化解緊張氣氛，把危機變為轉機。

老王在街上匆匆忙忙趕路，不小心撞到一位路人，兩人都跌倒在地。老王自知理虧，又怕對方罵人，便先說：「真是不好意思啊！我的眼睛不好，不僅近視，度數還破千，簡直就像個瞎子。您沒事吧？」

對方原本難看的臉色，一聽到他這樣說，便笑著道：「真巧！原來我們都是近視一族啊。我的眼睛也不太好！」

說完，兩人便大笑幾聲，互相扶持，和氣道別離開。

遇到問題時，如果對方氣在頭上，或者心懷不軌，正面衝突常常會導致更糟的下場。想辦法讓對方平息怒氣、轉移目標，甚至言行「自貶」，都不為過，最重要是能自保。

路人被撞倒後，聽到老王的幽默自嘲，也就釋懷了。但是，有許多人被撞到的第一個反應往往是破口大罵：「你是瞎子，不會走路啊！」

這樣不但讓雙方不愉快，也可能為自己帶來災害。若能像老王一樣，開自己玩笑，雙方愉快和解，那就更好了。

美國費城盜賊猖獗，搶劫事件頻傳，人們為了保全自己生命，外出時都會準備幾塊美元放在身上，被劫時乖乖奉上，避免強盜搶不到錢憤而殺人。

有一次，著名心理學家湯姆遜外出辦事，回程時天色已晚，整條街上靜悄悄的，連個人影都沒有。

他摸一摸舊大衣內的兩千美元，心裡不免擔憂起來。

湯姆遜全神警戒快步走著，來到一處轉角時，突然聽到身後多了一道腳步聲，不管他如何調整速度，或快或慢，怎麼也甩不掉這個人。

藉著地上的影子，湯姆遜判斷對方是個高大的傢伙，自己毫無勝算。

突然，他急中生智，冷不防地轉過身，朝那大漢迎面走去，用淒慘的聲音對大漢說：「先生發發慈悲，給我幾個錢吧！我餓得快發昏了。」

戴鴨舌帽的彪形大漢打量著他，見他一副寒酸相，嘟囔著說：「倒楣！我還以為你口袋裡有幾百美元哩！」

大漢說完，隨即從口袋裡摸出一點零錢拋給湯姆遜，然後把衣領豎起來半遮著臉，很快閃進黑暗的角落去了。

傳說唐伯虎為了躲避出仕，不惜廣納妻妾，敗壞自己的名聲；秦朝將軍王翦怕軍權過高，秦始皇對自己有所顧忌，三番兩次向秦始皇請求賜予田宅。

這種預防方法，雖然不免「污」了自己的名聲，卻能保住自己的性命，也算一種高明之策。

心理學家湯姆遜就是利用這種方式，讓搶匪以為自己鎖定的

大魚甚至比泥鰍還不如，連搶奪意願都沒有，甚至自認倒楣丟給他幾塊零錢了事。

幽默的態度能避免正面衝突，使爭執場面和緩下來，適時的自嘲則能化解緊張氣氛，把危機變為轉機。

或許，向人賠罪或者自貶、自嘲，有損「形象」，但是只要想想，這麼一點「讓步」，看在對方眼裡，也必定能感受到你的心意，結果可以皆大歡喜，不也是一件美事？

創造驚奇，引起別人的注意

烙在心裡的第一印象是很難抹滅的，一開始給人好印象，就成功了一半，懂得用幽默的態度把握好第一次，就能擁有最美的結果。

一位年輕美麗的太太，陪丈夫參加校友聯歡會。

那天天氣很熱，他們開著一部敞篷車，途中，一隻黃蜂飛到她低胸的上衣前，在她胸口上猛螫了一下。就這樣，在這個週末的聯歡會上，她的「第三乳房」成為取笑對象。

五年後，時間好不容易使創傷平復，在丈夫遊說下，她再度參加校友聯歡會。在這次會場中，所有人都認得她，卻沒有一個人記得她丈夫。

很多事情都會被遺忘，只有「趣事」不容易消失，尤其是最初的印象。

當我們第一眼就能讓對方感到「驚奇」、「好玩」，接下來就算進行的是無聊的話題，也會變得有趣。

不管是使用語言、姿勢，或肢體語言都可以引起他人的注意力，將幽默感注入「驚奇」，會有事半功倍的成果。

阿凡提擁有成群的兒女，生活開銷自然不少，全家常常處於

衣食無著的狀況。

有一天晚上，他站在院子望著天空自言自語，隔壁一個大富翁看見他奇怪行為，好奇的豎起耳朵靠近圍牆，想弄清楚阿凡提說些什麼。

只聽阿凡提大聲祈求著：「真主，您的寶庫是用之不竭的。為何不給每個窮人一千銀幣呢？要是給了，也不會減少您的財富呀！萬一您很吝嗇，就什麼都不要給，少一文我就不要了！」

聽清楚阿凡提話語的財主，心生歹念，想要捉弄阿凡提一番，於是用錢袋裝了九百九十九個銀元，隔著牆用力拋到阿凡提面前，然後悄悄爬到屋頂上看動靜。

阿凡提聽到物體落地聲，一看是個錢袋，就高興地撿起來，打開一數，還差一元才夠一千。

他以為掉了一個，便在院子裡仔細尋找，可是找來找去就是找不到，只好大聲地說：「真主，我想仁慈的您，是想給我一千銀元的，只不過因為事務忙亂才少數了一元。我沒有理由怪您，只好接受您的恩賜啦！」

財主聽見了，慌忙從屋頂上喝道：「那錢是我的，快把錢袋還給我！」

阿凡提說：「真主救濟窮人的錢，你也想吞掉嗎？」

財主急得快哭出來，忙著解釋：「你剛才說要真主給你一千銀元，少一文也不要的，所以我想試探你一下，才拋給你九百九十九個銀元。阿凡提，我這是開玩笑的呀！」

阿凡提笑道：「原來你在跟我開玩笑，不是真的想奪我的錢，那就謝謝你，再見囉！」說罷，立即跑回屋裡。

仔細推敲，阿凡提真的在向上天祈求恩賜嗎？

當然不是，他只想藉著奇怪的動作和有趣的言語引起富翁注意。等到富翁上當後，在半開玩笑半認真的情況下把錢納為己有。

烙在心裡的第一印象是很難抹滅的，一開始給人一個好印象，就成功了一半。如同電影預告片，總是剪輯最精采、最有趣的片段引發人們觀看的慾望。

說話的藝術也是如此，和陌生的朋友、客戶碰面，只要懂得用幽默的態度把握好第一次，就能擁有最美的結果。

懂得幽默，就能輕鬆溝通

很多遺憾萬分的事，都是起因於溝通不良，引爆點往往是微不足道的小事。如果幽默一點，看著自大自捧的人表演，也是一件有趣的事。

　　幾對年輕夫妻聚在一起聊天，其中一個男人說：「夫妻之間不能談真理，因為真理太冷酷了。」

　　話才剛說完，他的妻子便跳了起來，大聲反駁：「怎樣，你有什麼不能和我談的？你和我應該要無所不談才對！」

　　這個男子看著怒氣沖沖的老婆，仍然帶著微笑說：「各位請看，我剛才說的話當場應驗了。」

　　世界上要找到一對性格完全契合，不會有任何爭吵的伴侶，幾乎是一件不可能的事，尤其在這個年代，獨立人格被重視，兩人的關係若建築在其中一方的忍氣吞聲，這份感情必定有所缺憾。

　　但是，為了找到契合的另一半，在擇偶或者選擇來往對象前，都要先合八字、命盤，才能進一步交往嗎？

　　如果真是這樣，到時候累死的肯定是自己。

　　會起爭執必定事出有因，最大的問題就在於溝通不良，再加上彼此欠缺幽默感，固執、不肯讓步，事情才會一發不可收拾。

　　從前有對夫婦，兩個都是有名的吹牛大王，常常因為誰也不肯讓誰而鬧得天翻地覆，人仰馬翻。

　　有一天，妻子口沫橫飛地對丈夫說：「牛皮不是吹的，泰山不是堆的，天下最了不起的是我們女人家，連山也能扳倒呢！」

　　丈夫不信，妻子振振有詞說：「你說婦人的『婦』字是怎麼寫的？不是一個『女』字加一個倒山嗎？這就說明婦女能扳倒山啊！」

　　丈夫聽了也不甘示弱，回嘴說：「這有什麼了不起的，我們男子漢更厲害，天也能通哩！」

　　妻子不相信他的話，說他吹牛，丈夫得意地答道：「你說丈夫的『夫』字是怎麼寫的？不是『天』字通上去嗎？這就說明丈夫能通天哪！」

　　就這樣，兩人吵了起來，都認為自己有理，不肯讓步。吵到最後，甚至動起了拳腳，結果就這樣鬧到公堂上。

　　縣官在吵吵鬧鬧中，好不容易聽清楚兩人的問題，翻遍刑律，卻怎麼也找不到吹牛該當何罪。正在著急時，靠吹牛進到衙門的師爺在一旁見了，怕他們倆將來強過自己，趕緊寫下幾行字給縣太爺：

　　媳婦扳倒山，丈夫能通天。

　　兩人若留後，禍患不堪言。

　　不如早動手，打發下黃泉。

　　縣官看罷，糊裡糊塗拿起硃筆，在後面批上「立斬」兩字，真的打發這對夫婦到黃泉去了。

　　為了一丁點小事而喪了命，實在可惜。想必他們夫婦倆到了黃泉，連閻羅王都會受不了。可是在生活中，類似這樣的事情還

眞是層出不窮，很多遺憾萬分的事，都是起因於溝通不良，引爆點往往是微不足道的小事。

　　如果每個人都要把自己的見解強壓在別人身上，不管對方接不接受，也不管對方反應爲何，那麼紛爭永遠不斷，不論關係親如血緣，或是只有泛泛交情，起衝突只是時間早晚的問題。

　　如果幽默一點，能換個思維，就當對方是在「吹牛皮」，笑笑地姑且聽之，那麼問題根本不會產生。

　　退一步海闊天空，看著自大自捧的人表演，不也是一件有趣的事嗎？

10.

有一點爭吵，更能恩愛到老

將「鬥嘴」化為幽默的對話，
能為感情增添溫度，穩定婚姻狀況。
床頭吵、床尾和，雖然吵吵鬧鬧，
也能恩恩愛愛相伴到老。

幽默看人生，可以心平氣靜

幽默讓人看得遠，能夠正視面前的困擾。以幽默的眼光看事，雖然不能改變事實，卻可以讓人平心靜氣面對一切。

「周太太，」一女子高聲對排在隊伍中等待結帳的女士喊道：「退休以後的生活過得如何啊？是不是每天睡到中午才起床？」

「不，」這位斯文的老太太說道：「我還是把鬧鐘調到六點三十分，它一響，我就坐起來對它做個鬼臉，然後繼續躺著呼呼大睡！」

很多人生活失去目標，就不懂得生活了，但是這位老太太卻可以用輕鬆、幽默的態度來面對生活。

人生難免碰上低潮、不順遂的時候，不管是課業壓力、工作問題、人際衝突、感情煩擾、家庭紛爭……等等，既然人生旅途不可能一帆風順，那我們就要隨時做好面對逆境的準備。

面對逆境最好的辦法，就是笑。

人生過程，和笑話的結構差不多，人們受到笑話開頭的吸引，接著期待笑話的內容，雖然最後的結果和所希望的有點差距，但是我們還是能從其中得到趣味。

貝爾納一天去餐廳吃飯，對廚師很不滿意。

「把你們負責人叫來。」付帳時，他對侍者說。

餐廳經理來後，貝爾納對他說：「請擁抱我。」

「什麼？」經理不解地問。

「請擁抱我！」

「到底是怎麼回事？先生。」

「永別吧，您以後再也見不到我了。」貝爾納對經理說。

有時候只是生活上一件小事，就可能影響自己的心情。也許出門踩到狗屎、開車超速被照相，甚至懷抱著期待心情去買晚餐，結果最想吃的食物賣完了，或者味道不如往常而心生失落。

面對這些情況，我們只能一笑置之，就像貝爾納藉著擁抱，告知對方，自己永遠不會出現在這家餐廳裡。

法國作家馬塞‧帕格諾爾六十七歲時，出席馬賽市一所以他的名字命名的學校開學典禮。他對學生說：「我看見我的姓名以斗大的金字寫在學校的大門口上，可是，我更希望見到它以紅色小字寫在學生名冊上。」

幾個月後，有人問他：「你願意做個什麼樣的人？」

他答道：「任何在二〇〇〇年還活著的人。」

這位著名作家雖然感慨歲月在不知不覺中消逝，卻仍以幽默口吻正視這個事實。

如果可以用幽默的態度回顧過去的事情，那麼當時造成的傷害、遺憾、失望，都能輕鬆釋懷。

幽默讓人看得遠，不欺騙自己，且能夠正視面前的困擾。以幽默的眼光看事，雖然不能改變事實，卻可以讓人平心靜氣面對一切。

笑的能力是與生俱來的，沒有人可以剝奪，每個人都有幽默感，別讓自己的天賦白費了，好好利用，並享受它。

幽默哲學讓彼此長存幸福感覺

要有美滿的婚姻，就用「哲理」的角度來看待事情，或許沒辦法解決「家庭問題」，不過，卻能做到讓自己不受干擾。

　　一對夫婦結婚多年，感情依然如昔，人們好奇請教他們的婚姻之道，丈夫笑而不答，指了指牆上貼的一張家規：

　　一、妻子永遠是對的。

　　二、如果妻子錯了，請參閱前一條。

　　父親在一場晚會中抽到一個漂亮的玩具，回家之後，立即將三個小孩叫到面前，說道：「這個玩具，我要送給最孝順的人。誰從不和媽媽頂嘴，而且最依從媽媽的話？」

　　三個小孩異口同聲答：「爸爸最有資格。」

　　有個心理學教授開玩笑說：「看到自己不對，立即讓步的人，是個謹慎的人；明知道自己對，仍然讓步的人，是個『結了婚的人』。」

　　現今發生的社會新聞，越來越多家庭悲劇產生。很多人為了一些無關緊要的小事起爭執，長期累積下，一次爆發開來，造成無可彌補的悲劇，這些都是起源於彼此不能讓步。

從前有個人，在家裡常常受老婆的氣，可是在外邊，卻死要面子，自誇是一個「最不怕老婆的大丈夫」。

　　有一天，這人去趕集，見一群人圍著一位面相先生看手相，便擠進去看熱鬧。

　　面相先生口中唸唸有詞，說道：「男人手如綿，身邊有閒錢。女人手如薑，錢糧滿箱倉。」

　　這人聽了喜不自禁，拍手大叫起來，說：「這可好了，我交上了好運啦！」圍觀的人問他交上什麼好運，他說：「我老婆就是手如薑哪！」

　　相面先生奇怪地問道：「你怎麼知道的呢？難道你也會看手相嗎？」

　　這人得意地做了個手勢說：「昨天她掌我一個嘴巴，直到現在臉上還辣呼呼的呢！」

　　即使受了老婆的氣，還能保持樂觀，用「好運」的態度來看待，婚姻才能度過一次又一次的考驗。

　　哲學家蘇格拉底有一個兇惡的老婆。某一次，蘇格拉底正與一群學生一起討論哲學，他的「悍婦」氣呼呼的走過來，劈頭就是大罵。

　　所有學生都為蘇格拉底感到難過，他自己卻平靜的聽著，一句話也沒說。事後，一個學生問他：「老師，師母那麼嘮叨、那麼兇狠，您怎麼受得了啊？」

　　「我已經習慣了。你應該不會在意一隻鵝在你身旁『呱呱呱』叫個不停的聲音吧！」蘇格拉底說。

　　「鵝呱呱叫雖然很煩，至少牠會生蛋啊。」學生又說。

蘇格拉底笑著說：「那還好，我老婆也會生小孩。」

要有美滿的婚姻，就必須像蘇格拉底般，用「幽默的哲學」的角度來看待事情。或許他沒辦法解決「家庭問題」，不過，卻能幽默看待，做到讓自己不受干擾。同樣的道理，也能運用在生活中。

或許下次，當你的老婆又爲了誰該煮飯這種事和你起爭執時，可以告訴她：「親愛的，並不是我不會煮飯，而是我覺得，妳煮的飯一定比我煮的更香。」

幽默對待另一半是另一種浪漫

傳達感情的時機無所不在，在感情中帶入幽默感，才不會讓感情隨著時間平淡，反而能像陳年老酒般，越陳越香。

一個太太去算命，算命的對她說：「妳命中注定要嫁兩次，第二任丈夫是個聰明體貼，心地又善良的人。」

太太回到家中，就把算命先生的話告訴了丈夫。

丈夫驚訝地說：「我不知道妳曾經結過婚，不過我不在乎。說實在的，妳還真有眼光，選到了我。」

聽到算命先生的話，做丈夫的不但不生氣，反而還藉此自誇一番。短短幾句話，不但能避免爭吵，還為婚姻增添情趣。

一個幸福的婚姻，多少都要有幽默做為調劑品。沒有一個婚姻是完全處於最佳狀況，總有爭吵、冷淡、乏味的時候，如果家庭中能多一點逗趣事情，那麼氣氛也會更歡樂。

從前有個老書生，讀了大半輩子的書，到頭來卻一事無成。七十歲那年，突然生了個兒子，老年得子的他好不高興，為兒子取名叫「年紀」。

第二年，二兒子接著出世了，他心想：「這孩子真可愛，長

大後一定聰慧過人，才華出眾。」便給二兒子取名叫「學問」。

第三年，三兒子跟著呱呱墜地。

這時候，他卻覺得好笑，捋著白花花的鬍子說：「都這把年紀了，還生下這個孩子，真是笑話，笑話！」

於是，他就叫三兒子取名為「笑話」。

三個兒子慢慢長大成人，可是每天閒閒在家，一事無成，老書生看他們沒事可做，就要他們上山打柴。

聽了父親的話，老大埋怨個幾句，臭著臉慢步踱出門，老二心裡不大高興，摸了一陣子才出門，只有老三老老實實地馬上動身上山去。

到了傍晚，三兄弟各自走回家。老大拿著一把柴，老二空著兩手，獨有老三挑著滿滿一擔柴。

夜裡，老書生醉醺醺地回來，問妻子道：「三個兒子，誰砍的柴多呢？」

妻子答道：「年紀有了一把，學問一點全無，笑話倒有一擔！」

老書生聽了，不禁愕然，苦笑著說：「妳這是在說我呀！」

幽默、充滿感情的話語，可以勾起人們潛藏在內心深處的熱情。

男女之間，女方總是不厭其煩，噼哩啪啦告訴另一半一天發生的大小事，希望能和對方分享生活的喜悅。

如果說話的方式幽默一點，兩個人的生活便會多一點浪漫。

丈夫：「從各方面看來，我都比妳強，可是有一點我不如妳。」

妻子開心的問：「哪一點？」

丈夫：「妳的愛人比我的愛人強。」

「我愛妳」雖然動人，久了也會趨於公式化，表達感情的方法有很多種，傳達感情的時機也無所不在，在感情中帶入幽默感，才不會讓感情隨著時間平淡，反而能像陳年老酒般，越陳越香。

怕太太的男人才是真的心胸寬大

唯有心胸寬大的男人，才能發自內心包容妻子的一切，用詼諧來調侃自己，用笑聲化解戾氣。

從前，有一個人很怕老婆。

有一天，他趁老婆外出不在家的時候偷吃一盒年糕，到了晚上，老婆回來發現了，不但把他狠狠罵了一頓，又罰他跪到三更半夜才准上床睡覺。

第二天，他越想越難過，不知自己的命為什麼這樣不好，就到街上找算命先生替自己算算命，看看有沒有機會改運。

算命先生問他：「請問貴庚多少？」

他趕忙回答：「沒有跪多久，只跪到三更。」

算命先生說：「我不是問這個，我是問你年高幾何？」

他說：「我還敢偷吃幾盒？只吃了一盒。」

自古以來雖是男人當道為多，但是仍有不少怕太太的人。懼內的老公是否就是個膽小鬼，喪失男性的尊嚴呢？

其實不然，這是成熟、有智慧的男人應有的度量。

老百姓張三因為有功於縣官老爺，因此縣官老爺決定好好犒

賞他，問張三：「你希望我賜給你什麼呢？」

張三想了想，說道：「我想請您寫一道命令，讓每一個怕老婆的人，都向我繳納一頭驢。」

縣官老爺於是照他的話做。張三拿到命令後，開始到處打聽哪裡有人怕老婆的，並且出示縣官命令。

過沒多久，張三趕著一大群驢子回來了。

縣官老爺見了大吃一驚，心想：「在我的管轄區中，怎麼會有那麼多怕老婆的人呢？」

第二天，張三再次晉見縣官老爺，向他報告狀況，並陳述沿途的所見所聞：「老爺，這次出門，我遇見了一個絕世美人，她臉似芙蓉、膚如白雪，還有個櫻桃小嘴。除此之外，她體態輕盈、嫵媚多姿、溫柔典雅，又多才多藝。我已經瞞著眾人為您弄來了。」

縣官老爺喜得眉開眼笑，連忙用手示意張三道：「小聲一點。我老婆就在隔壁，如果被她聽見了，肯定會大吵大鬧。」

張三聽了站起來說：「哈哈！老爺，您也是怕老婆的人，命令是您訂的，所以罪加一等，處罰也應該加倍，快給我兩頭驢吧！」

有一個主管在某次聚會時，要在場所有男性員工怕老婆的站右邊，不怕老婆的站左邊，結果全部男人都往右邊站，只有一個小職員站在左邊。

主管見這個內向的職員竟然不怕老婆，希望能向他討教幾招，高興地問：「你為什麼不怕老婆？」

職員吞吞吐吐，小聲說：「我老婆說，不能往人多的地方站……」

　　新文化運動創始人胡適，也是以「怕老婆」出了名。他不僅把「怕老婆」當做自己的口頭禪，還曾經用巴黎的銅幣當做「怕太太協會」的勳章，因為上面鑄有「PTT」字樣。

　　除此之外，胡適還發表了他著名的「三從四得」論：太太出門要跟從，太太命令要服從，太太說錯要盲從；太太化妝要等得，太太生日要記得，太太打罵要忍得，太太花錢要捨得。

　　唯有心胸寬大的男人，才能這樣發自內心包容妻子的一切。「妻管嚴」還能泰然處之的男人，除了有修養外，更有幽默感。

　　希望這樣的典範能給所有「懼內」的男人一個鼓勵，面對「惡劣」環境，能用詼諧來調侃自己，用笑聲化解戾氣。

適度吃醋會產生微妙情愫

幽默表達醋意的方式，是一種健康的行為，每
個人都應該適當攝取，用幽默當碗碟，盛著
「醋」愉快的喝它。

　　一個住院的年輕空軍士兵，請一個好心的護士，帶給他太太
一個口信。

　　你告訴她：「這裡的護士沒有一個是漂亮的。」

　　護士聽了不高興地說：「你這樣說會不會太過分了點！」

　　「是的。」那個空軍士兵笑著解釋說：「不過，不這樣說的
話，我老婆會胡思亂想的。」

　　「吃醋」在感情世界中，是一種激情愫，只要適當適量，就
能讓雙方更甜蜜。

　　可是，醋罈子若是過大，就會變成一種毒藥，傷人害己，好
的醋，味道不用濃，能入口才是重點。

　　唐太宗年間，宰相房玄齡懼內是出了名的。

　　一日，唐太宗宴請開國元勳，酒足飯飽之際，唐太宗乘著酒
興和幾分醉意，賜給房玄齡兩個美人。

　　房玄齡也糊裡糊塗地收了兩位美人，直到酒醒後，一想到家

中的妻子，擔心得不知怎麼辦才好。

同僚見了紛紛為他打氣，並告訴他，老婆再凶，也不敢違抗皇上聖旨，對所賜美人不善，房玄齡聽了，這才放膽地將兩個美人領回家。

不料，房玄齡的老婆才不管皇上不皇上，不僅大發雷霆，指著房玄齡大吵大鬧，還大打出手，將兩個美人趕出府邸。

這件事被唐太宗知道後，想壓一壓房玄齡夫人的橫氣，便召她來問罪。

唐太宗指著兩位美女和一罈「毒酒」對房夫人說：「我也不追究妳違旨之罪，這裡有兩條路任妳選擇，一是領回二位美女，一是喝了這罈『毒酒』。」

房夫人見事已至此，知道自己年老色衰，一旦這二女進府，自己遲早要走違旨抗命這條路。與其將來受氣而死，不如喝了這罈「毒酒」痛快，便毫不遲疑舉起罈子，「咕嚕咕嚕」將整罈「毒酒」一飲而盡。

飲盡「毒酒」之後，房夫人身體沒有任何異樣，原來那罈子裝的是晉陽清源的食醋，根本無毒。

唐太宗見房夫人這樣的脾氣，歎了口氣道：「房夫人，莫怨朕用這法子逼妳，妳妒心也太大了。不過念妳寧死也戀著丈夫，朕收回成命。」

房夫人「吃醋」傳說成了女人嫉妒的代名詞。

看到另一半與異姓來往，會吃醋是正常的，萬一沒有任何感覺，兩人的感情才要亮起紅燈。

但是，人活著，就不可能不和人接觸，接觸的人中，一定會有和自己不同性別的人，若對每一個和另一半來往的異性都得喝

上一罈醋，被酸死的肯定是自己。

有個醫生太太看著丈夫為年輕女病患觸診，心裡難免吃味，診療結束後，便對丈夫說：「我真希望你摸的人是我。」

這樣幽默表達醋意的方式，不但無傷大雅，更讓老公覺得老婆吃醋的小臉很可愛。

「吃醋」是一種健康的行為，每個人都應該適當攝取，用幽默當碗碟，盛著「醋」愉快的喝它吧。

用幽默的話語傳達情意

 愛情並非堅貞的海誓山盟建構出來的，而是呈現在生活的點滴中。不管是隻字片語，或者一個小動作，都能傳達愛意。

　　過農曆除夕夜時，丈夫對妻子說：「以前我們行房時，每到高潮，妳都叫『啊！我要死了！』明天是新年正月初一，不可以說『死』字，妳要記住！」

　　妻子答應了。第二天行房時，妻子到了高潮，仍同於以往叫法，丈夫怪她犯了禁忌。妻子說：「沒關係，像這種死法，一年死到頭也不錯。」

　　聰明的戀人或夫妻，懂得把握時機，送上自己的柔情蜜意，讓對方沉醉其中。

　　愛情是一種感情遊戲，一句得體的話，往往能打動對方那渴望被愛滋潤的心靈，一顆幽默的心能讓感情長長久久。

　　有個很愛護妻子的丈夫，決定在老婆生日那天，送她一件特別的禮物。

　　苦思之下，他終於想到要送老婆一件最流行且名貴的胸罩，既可以討她歡心，也可以表示親密。

他來到一間女性內衣專門店，說明了來意，並表示貴一點也沒關係。女店員聽了，便問他尺碼。

「尺碼？」丈夫搖搖頭，苦笑著說：「我不知道什麼是尺碼。」

女店員沒辦法，只好問：「你只要告訴我，是不是和麻豆文旦一樣大？」

「不是，不是！還要再小一點。」

「那麼，是不是和麵包一樣大？」

「也不是。」

「喔！我知道了。」女店員點了點頭說：「一定像拳頭那麼大。」

看見那個丈夫一直苦笑著搖搖頭，女店員終於忍不住了，小聲問他：「難道只有雞蛋那麼大？」

「對了，就是雞蛋那麼大。不過，請妳注意，是荷包蛋。」

多數男人希望老婆有個好身材，但是，一對契合的夫妻，絕對不是以這些外在條件為依據。歲月會流逝，人會老，擁有真愛的夫妻，會用「幽默」角度來看待彼此的缺陷。

「荷包蛋」這個形容詞，對他們來說不是一種侮辱，而是一種情趣。

一間豬肉店的胖老闆正和老闆娘吵嘴時，一個客人剛好進來買肉。見到有人，老闆娘只好先忍住氣，招呼顧客。

就在這時候，送貨的人扛來一頭肥豬，腳步蹣跚的走進來。

「真是一頭肥豬。」客人對老闆娘說。

「你說得對！」她嘆了口氣道：「不過他待我還算不錯，每

天早上，我還沒有起身，他就端杯熱茶來給我了。」

　　現實生活中，愛情並非堅貞的海誓山盟、感人的承諾建構出來的，而是呈現在生活的一點一滴中。

　　不管是隻字片語，或者一個小動作，都能傳達愛意，愛情要長久，不可能永遠轟轟烈烈，難免會有趨於平淡的時候。如果能讓「幽默」的力量進入愛情，就能快樂分享生活，在笑聲中一同成長。

有一點爭吵，更能恩愛到老

將「鬥嘴」化為幽默的對話，能為感情增添溫度，穩定婚姻狀況。床頭吵、床尾和，雖然吵吵鬧鬧，也能恩恩愛愛相伴到老。

村裡有個大財主的兒子舉行婚禮。

當僕人抬著禮金走過大街，經過迂公家門前時，迂公見了盛滿禮金的竹筐，對妻子說：「我跟妳打賭打賭，看看誰能猜中那裡面裝有多少禮金！」

妻子估量了一下說：「大約有兩百兩金子。」

迂公跟著說：「我看不止，少說也有五百兩。」

妻子懷疑地回答：「五百兩？太離譜了，不可能那麼多！」

可是，迂公仍堅持說：「我說五百兩就有五百兩！」

兩人就為了這件事起了爭執，愈說愈氣，動手打了起來。

妻子打不過迂公，只好說：「好，我就讓一讓你，就三百兩怎麼樣？」

迂公聽了又摑妻子一巴掌：「三百兩我也不依妳！」

鄰人見了，紛紛前來勸解道：「為了一點小事，夫妻不和，這值得嗎？」

沒想到迂公一點也不受用，反而惡狠狠地答道：「還有兩百兩金子沒有弄明白，怎能說是小事呀！」

　　夫妻之間的爭吵，很多時候都是為了證明自己是對的。爭吵能幫助夫妻找出問題，改正錯誤，對婚姻來說也是維持平衡的方法。但若只是為了攻擊對方而口出利刃，甚至大打出手，可就不是一件好事。

　　有一位婦人和丈夫結婚八年，生活平淡，兩人間也漸漸失去情趣。某天早晨，她看著後院養的雞，對丈夫說：「親愛的，這隻雞我們也養了八年了，最近不太下蛋。何不把牠宰了，慶祝我們結婚八年呢？」

　　「這樣太殘忍了，」丈夫嘆氣道：「為了八年前我們犯下的錯誤，就要把雞殺了，這又不是牠的錯！」

　　妻子聽了不僅沒有任何不悅，甚至露出久違的笑容說：「說的也是，我們這八年來從吵吵鬧鬧到『無言相對』，也不能叫牠負責。」

　　簡單的對話後，夫妻倆挽起手，甜甜蜜蜜的走進屋內。

　　故事裡的夫婦雖然在婚姻中遇到瓶頸，可是由於丈夫一句幽默的話，化解了兩人「冷淡」的關係，為生活注進一股暖流。

　　有一對英國夫婦，一起實現了五十年前結婚時許下的共同心願──金婚紀念日那天，兩口子一起吃了當年朋友送的雞肉罐頭。

　　兩人在第二次世界大戰結束不久後結婚，當時人民多半貧窮，收到雞肉罐頭的結婚禮物時，小倆口就約定將它留到金婚紀念日再吃。

　　這兩人的婚姻生活，當然也有種種不如意之處，但是「為了能一起吃雞肉罐頭」，兩人克服萬難，終於走到這一天。

婚姻生活有高潮也有低潮，難免發生爭吵。如果能彼此容忍、體諒，用幽默的態度打破兩人之間的沈默倒也能在平淡中得到幸福。

　　將「鬥嘴」化為幽默的對話，能為感情增添溫度，穩定婚姻狀況。床頭吵、床尾和，雖然吵吵鬧鬧，也能恩恩愛愛相伴到老。

懂得吵嘴學問，感情越吵越好

吵嘴中，若能就對方的攻擊點去思考，做出另一種論調，也可以巧妙反擊回去，保住了尊嚴，也留住彼此的感情。

一個已經成家的博士班學生，趕著要交論文，不斷催太太快點打字，還打趣說：「如果讓我再結一次婚，一定要娶一個字打得又快又正確的老婆。」

妻子聽了則回嘴說：「你的主意倒不錯。如果我再嫁人，一定要嫁一個已經拿到博士學位的老公。」

當丈夫取笑妻子打字慢，換一個老婆會更快時，妻子不但不生氣，反將丈夫一軍，表示換個老公才是好主意。她藉著幽默感，推翻了丈夫的嘲弄，替自己解了圍又不破壞氣氛。

如果「吵嘴」是婚姻中不可缺少的一部分，那麼就要懂得吵架的學問。若無法用溫柔的言語笑鬧帶過，也不要自投羅網，跳進攻擊和侮辱的言語中。

斯里蘭卡有個老頭兒，只有一個女兒，已經出嫁了。有一天，他打算到女兒家轉轉，看看她生活過得如何，是否安好。

女兒見父親來看望她，盡心盡力招待父親。女兒把父親安頓

得舒舒服服，又跑到廚房裡用水磨米粉做糕點，這種糕點好吃極了，老頭兒吃得很滿意，問女兒：「這糕叫什麼名字？」

女兒回答：「這是甜米糕。」

老頭兒吃飽喝足之後，看到天色已晚，告別了女兒，急急忙忙回家去。因為忘不了那甜米糕的滋味，打算將糕名記下來，回家要老太婆做給他吃。

一路上他不停地嘟囔著：「甜米糕，甜米糕。」

在路上碰上熟人，他除了像往常那樣問聲「你好」外，還要加上一句「甜米糕，甜米糕」。離家越近時，老頭兒就越走越快，腳步越來越亂，突然，他的腳趾踢到一塊石頭，疼得大叫起來：「哎喲，我的腳趾頭！我的腳趾頭！」

但是他並沒有停下來歇一歇，還是一拐一顛地繼續趕路。由於腳痛難耐，每走幾步，他就停下來揉揉腳，還一邊喃喃自語地說：「腳趾頭，腳趾頭。」不知不覺中，已經把「甜米糕」改成「腳趾頭」了。

最後，他總算回到家，急急忙忙對老伴兒說：「咱們的女兒做了非常好吃的『腳趾頭』，那是他們村裡的特產，真是好吃極了，快做一些來吧。」

「『腳趾頭』？那是什麼東西？」老太婆狐疑地說：「我這輩子還沒聽說過這種東西呢！」

「妳可真是個好老婆呀！我都六十出頭了，還沒吃過妳做的『腳趾頭』呢，女兒都會做了，妳卻連這個名字都沒聽說過，虧妳說得出口！」

老太婆被逼急了，也提高嗓門叫起來：「咱們一起生活了這麼多年，從來沒聽你說過一句中聽的話。你就知道嘮叨，嘮叨！真煩人！無論我為你做什麼事，你都不滿意。你還有沒有良心

呀？這老不死的……」

老頭兒惱羞成怒，大罵起來：「老妖婆，妳給我滾出去！」

老倆口越鬧越凶，叫罵聲驚動了鄰居，人們紛紛跑來看熱鬧。一個鄰居看到老太婆吵架的樣子，說道：「喲！瞧她的嘴巴，噘得像塊甜米糕！」

老頭兒聽見這個忘了的詞，喜出望外，大叫起來：「就是它，就是它！我要吃的就是『甜米糕』！」

旁人聽了哄堂大笑，老頭兒不好意思的牽起羞紅臉的老太婆，甜甜蜜蜜走進屋裡去。

為了一個「甜米糕」，可以從屋內吵到屋外，但也因為「甜米糕」，增添兩人的情趣。

吵嘴中，若能就對方的攻擊點去思考、理解，做出另一種論調，也可以巧妙反擊回去，保住了尊嚴，也留住彼此的感情。

下一次另一半罵你是個笨蛋時，不妨告訴他：「這個笨蛋是你選的！」相信他聽到這句話，也會忍不住哈哈大笑！

11.

用風趣感染眾人的情緒

維持場面氣氛和諧的能力，

是現代人必須注重的。

風趣、活潑具有感染力，

讓自己帶著燦爛笑容和別人來往。

幽默能使自己處處受歡迎

幽默的最大目的，就是希望對方能和自己共享
樂趣，避開讓人不愉快的話題，將注意力導向
輕鬆面。

英國首相邱吉爾過七十五歲生日時舉行了盛大的茶會。一名
年輕的新聞記者參加茶會，真誠的對邱吉爾說：「真希望明年還
能來祝賀您的生日。」

言下之意就是祝賀邱吉爾能健康長壽。

沒想到，邱吉爾聽了這話卻拍拍他的肩膀說：「年輕人，我
看你身體這麼壯，應該沒問題。」

人們容易被談吐幽默且風趣的人吸引，對他們產生好感。這
是因為與人來往時，和一個不苟言笑、正經八百的人相比，通常
人們會比較傾向尋求一個能讓自己快樂的對象。

幽默感和一個人的人生態度、生活感受都有關係。或許你會
說：「怎麼辦？我就是天生沒有幽默感！」

別擔心，只要多多觀察那些受歡迎的人是如何展現他們的魅
力，相信你也能找出一套屬於自己的幽默風格。

有一次，生物學家赫胥黎講完課，問他的學生是否有不清楚

的地方。

有一個學生回答說：「先生，只有一部分不清楚，就是您站在我和黑板中間，遮住我視線的那部分。」

赫胥黎風趣地回答道：「我已經用了最大的力氣使自己講清楚課程，這樣看來，我還是沒本事讓自己變透明。」

有一位西方名作家訪問日本，應邀到一所大學演講，由於大多數學生的英語聽力都不是很好，所以請了一位心理學教授臨時為他翻譯。

這位名作家說了一個又長又有趣的故事，一口氣講完後才停下來，請教授把故事譯成日語。

只見這位教授開口才幾秒鐘，就傳來滿堂笑聲。

課後，這位作家向這位臨時翻譯表示感謝，並請教他：「請告訴我，你是如何把我那麼長的故事用日語翻譯得那麼短呢？」

「我根本就沒翻譯那個故事。」心理學教授直接了當地笑著說：「我只是說，『尊敬的先生剛才講了一個有趣的故事，請諸位都放聲大笑！』」

戲劇家蕭伯納成名以後，許多人用各種理由來拜訪他，讓他不堪其擾。

有一天，英王喬治六世前去訪問這位文豪，寒暄之後，兩人很快就相對無言了，蕭伯納更是連多說一句話的興致都沒有，兩人只好沉默對坐。

過了許久，蕭伯納看英王遲遲沒有離去的舉動，便慢慢地從口袋裡掏出懷錶，然後一個勁地盯著錶看，直到英王不得不起身告辭。

事後，有人問他喜歡不喜歡喬治六世，蕭伯納微微一笑，風趣地回答：「當然，在他告辭的時候，確實使我高興了一下。」

　　幽默的最大目的，就是希望對方能和自己共享樂趣，避開讓人不愉快的話題，將注意力導向輕鬆的一面。

　　只要能領會其中的學問，就能讓自己成為一個受歡迎的人。

用幽默的心情看待人生

生活中處處都有歡樂！只要用心觀察，不僅止於言語，任何有聲、無聲的標語，都可能是激發笑聲的果實。

小陳：小潘啊！我電腦剛 Format 好，幫我處理一下吧！

小潘：你的硬碟空間很大，分割成兩三塊會較好喔，有工具嗎？

小陳：當然有！

只見小陳拿出菜刀、水果刀、西瓜刀……

小陳：切吧！要切幾塊都行！不用客氣！

對電腦不甚靈光的筆者，在第一次聽到「割硬碟」這個動名詞時，也曾經鬧過類似的笑話。

筆者：「學姊，妳在做什麼？」

學姊：「割硬碟啊！」

筆者：「割硬碟？怎麼割？」

學姊：「當然是用菜刀割囉！妳以為小刀割得斷啊？」

沒有看到任何「凶器」的筆者繼續問：「硬碟割了會怎樣？」

學姊：「廢話！當然會流血。」

受到震撼的筆者隔了一段時間後，在電腦主機旁探頭探腦。

學姊奇怪的問：「喂！妳在做什麼？」

筆者：「我在看硬碟有沒有流血。」

利用軟體將硬碟空間分成幾個想要的大小，就是所謂的硬碟分割，但對於不甚了解電腦的人來說，的確是個奇怪的說詞，也特別容易鬧出笑話！

世界，就是幽默的舞台，無時無刻，我們都可能在生活中發掘、製造出幽默。尤其是讓我們煩擾的事情、常犯的錯誤，或者是某種缺陷，都能轉化成幽默題材，進而幫助自己面對問題。

某一天，大頭到市集買了一張新桌子，打算揹著回家，才走到半路，天已經暗了下來。桌子又大又重，累得大頭滿身是汗，他越想越氣，於是丟下桌子罵道：「兩條腿的揹四條腿的，實在太不公平了！好，老子把你丟在這兒，看你怕不怕！」說罷，便自顧自地走了。

回到家裡，妻子問起桌子，他沒好氣地說：「我把它丟在大路旁了！」

妻子聽了，怕桌子被人拿走，急忙催他快去搬回來。

大頭只好提著燈籠回到原來的地方，一看桌子還在，便伸手想搬起來。誰知一摸，桌面上到處是密密麻麻的露珠，濕漉漉的。大頭好不得意，笑道：「半夜獨個兒在這裡，嚇出一身冷汗啦，現在該老實點了吧！哈哈……」

馬丁路德曾說過：「如果天堂裡不准笑，我寧可不上天堂。」

生活中處處都有歡樂！只要用心觀察，就能讓每天在笑聲中

度過。生活的幽默不僅止於言語，任何有聲無聲的標語，都可能是激發笑聲的來源。

上下班或假日出遊時的塞車陣仗，是否讓你覺得痛苦和疲倦？那麼請看以下幾則汽車標語，必能讓你在惱人的車陣中，仍能享有輕鬆的心情。

「當您看到這行字時，就表示您的車離我太近了。」
「駕齡兩年，第一次摸車！看著辦！」
「就當我是紅燈。」
「別看我，看路！」
「我是盲人。」

只要能注意日常生活的小細節，即使是令人感覺悲傷的「墓誌銘」，也能使你有個愉快的心情，以下就是幾則妙語。

「啊，我終於知道了人類最大的秘密！可惜我無法告訴你！」
「我從前是個胖子，現在和所有躺著的人一樣有骨感！」
「別老盯著我的房子，你也會有一間的！」
「謝謝你來看我，我會時常上去看你的。」
「禁止在此小便，違者沒收工具！」
「我這裡三缺一，就缺你了。」
「歡迎光臨，有事敲門！」

讓自己灑脫，便能快樂生活

犯不著怒目相向，在可以選擇的範圍內，何妨
讓自己灑脫一點，用幽默的方式看生活，帶著
笑容離開傷害你的人。

「你說，你要怎麼解決這件事情？」

一個從外地回來的丈夫，當場看到他的妻子和一個男人裸體
躺在床上。他憤怒地抓住那個男子的上臂，嚇得那男子支支吾
吾，不知該怎麼辦才好。

「你不知道該怎麼辦是不是？那我告訴你，你只要幫我付清
離婚費用，她就完完全全地送給你。」

如果每一段不愉快的戀情，都能用幽默手法來解決，那麼人
與人之間就會更和諧，而不會有那麼多社會問題產生。

與人交往時，難免遇到和自己理念不合、頻率不同的人，但
因為某種理由，卻不得不選擇繼續忍受。

很多時候，會聽到有人一再批評某人，那個人對他而言，其
實可有可無，問他為什麼不乾脆遠離那人時，卻又說不出個所以
然來。

蘇軾曾在〈范增論〉中提到：「合則留，不合則去。」若是
發現再怎麼努力，依舊無法和某人愉快相處時，最好的辦法趁早

抽身。

從前有個富翁，生了三個女兒，大女兒和二女兒都嫁給了秀才，只有小女兒嫁給一個普通老百姓。

有一天，富翁生日，三個女婿一起前來祝壽。富翁眼裡只看得見大女婿和二女婿，覺得他們談吐斯文，卻對小女婿不理不睬，認為他說話十分俗氣。

酒席上，富翁說：「今天雖然沒什麼好菜招待，但是份量絕對夠。大家盡量吃，別客氣。不過，酒席上不許說些亂七八糟的話。」

酒過三巡，岳父舉筷請大女婿吃菜，大女婿欠了欠身，回答道：「君子謀道不謀食。」富翁聽了十分高興。

喝到興致正濃的時候，岳父又再舉杯請二女婿喝酒，二女婿立即起身回答道：「惟酒無量，不及亂。」富翁也覺得很歡喜。

岳母見丈夫只勸大女婿、二女婿吃喝，怠慢了小女婿，就舉杯請小女婿喝酒。小女婿也舉杯站起身來，對岳母說：「哈，我和妳酒逢知己千杯少。」

富翁一聽，這話根本不對頭，而且有些曖昧，就怒氣衝衝地罵了起來：「畜生！你說的是什麼話？」

小女婿也發火了，摔了杯子大聲說：「哼，我與你話不投機半句多。」

由於富翁對小女婿已先存偏見，不管他表現如何，富翁都不會欣賞。深知此道的小女婿非常乾脆，既然不喜歡，也沒必要自取其辱。

人本來就是處於一個不合理的世界，也很難擁有十全十美的

人際關係，有些人，不是你用心相對，就能和平相處的。

讓自己處於不快樂的環境，只會讓體內細胞在負面情緒中不斷死亡。

此處不留人，自有留人處，不過，也犯不著怒目相向。

在可以選擇的範圍內，何妨讓自己灑脫一點，用幽默的方式看生活，帶著笑容離開傷害你的人。

用風趣感染眾人的情緒

維持場面氣氛和諧的能力，是現代人必須注重的。風趣、活潑具有感染力，讓自己帶著燦爛笑容和別人來往。

有一天，蘇格蘭詩人貝恩斯在泰晤士河畔的大街上散步，正好看見一個溺水的富翁被人從河裡救了上來，那個冒著生命危險營救富翁的窮人，竟然只得到一個銅板作為報酬。

圍觀的行人都被這個富翁的吝嗇行為激怒了，起鬨要把他再扔回河裡去。這時，貝恩斯上前阻止道：「放了這位先生吧，他十分瞭解自己的價值！」

在社交場合碰到無法解決的狀況，神情尷尬、沉默不語只會讓場面更加難堪。不如運用幽默的力量，正視問題，進而解決它，不但可以扭轉局勢，也可以讓別人對你留下一個好印象。

法拉第是十九世紀英國物理學家和化學家，也是第一部馬達和發電機的發明者，以及近代磁學的奠基人。

有一次，法拉第應邀發表一篇關於電磁感應理論的演講，前來聽講的成員從碼頭工人到貴族、教授，各階層人士都有，大家一律平等，先來的有位子坐，晚到的只好坐走廊。

結束後，一個無知又傲慢的貴婦人，有意當眾挖苦他，便問：「請問教授，你講的這些東西有什麼用呢？」

只見法拉第一點也不氣惱，反而詼諧地反問：「夫人，您能預言剛生下來的孩子有什麼用嗎？」

大文豪蕭伯納的戲劇中，常常揭露資本家醜惡的面目，因此，那些大富翁們對他又氣又恨。

一次，有個富翁想在大庭廣眾的場合羞辱蕭伯納，便揮著手大聲地說：「人們都說，偉大的戲劇家都是白癡。」

聽了這番謾罵，蕭伯納不在意的笑了笑，隨即回敬道：「先生，我看你就是最偉大的戲劇家。」

這些在學術上、成就上被攻擊的名人，都有一套應對的方法。他們幽默的言語，不僅化解了場面的氣氛，還博得好名聲。

維持場面氣氛和諧的能力，是現代人必須注重的。

我們都有進入社交圈的一天，如何讓自己在其中處之泰然，是否具備足夠的幽默感便是一個重點。

風趣、活潑具有感染力，能讓自己帶著燦爛笑容和別人來往。

對的時間話說對，才能事半功倍

某些時候，幽默可以安慰一個傷心的人，有時候卻會造成反效果。什麼可以說，什麼不能說，都必須視當時情況而定。

某一天早上，老闆滿臉笑容走進辦公室，秘書陳小姐一見老闆心情不錯，認為要求加薪的時機到了，正準備開口的時候，老闆突然拉上百葉窗，熄了燈，室內瞬間一片漆黑。

陳小姐心裡非常害怕，不知道老闆有何企圖，便鼓起勇氣打開燈，拉開百葉窗，將窗戶通通打開，藉口房間太悶。

誰知道老闆又全部關上，連燈也不例外。

陳小姐擔心極了，表示口渴要喝水，想離開辦公室。

沒想到，還沒走到門邊，老闆突然出聲：「等等，我要讓妳看一樣東西。」

無奈的她只好緩緩轉過身，做好逃跑的準備。

在黑暗中，老闆慢慢走到她身邊，拉住她的左臂，一面舉起自己的左手，在她耳邊低聲說：「妳看，我的夜光錶多美啊！」

原來⋯⋯陳小姐一聽，馬上挨近老闆，笑著說：「真是太漂亮了！您能加一點薪水給我嗎？」

「當然可以，」老闆興奮地說：「從本日起，加妳本薪的百分之五十。」

故事進行到一半時，你是否也提心吊膽，以爲社會又要增添一件「職場性騷擾」案例呢？這個「夜光錶事件」告訴我們，說話也是要看時間的。

　　同樣一句話，在對的時間，可以達到事半功倍的效果；在錯的時間，達不到目的不打緊，還可能爲自己惹上麻煩。

　　阿三岳父家裡的牛跌死了，老丈人傷心得淚流滿面、食不下嚥。妻子知道後，就叫阿三前去安慰一下父親，臨行前囑咐他說：「你見著了阿爹，就說：『請別難過，畜生跌死總是有的。如果有人要買的話，就賣幾個錢；沒人買就剝下皮，宰來自己吃吧！』」

　　來到岳父家，阿三見老丈人還在流淚，就一字不漏地對他說：「岳父大人，請別難過，畜生跌死總是有的。如果有人要買的話，就賣幾個錢；沒人買就剝下皮，宰來自己吃吧！」

　　鄰人一聽，都稱讚阿三說話得體。

　　老丈人第一次見到傻女婿表現優秀，以為他變聰明了，心情跟著舒坦多了！

　　誰知，過了不幾天，老丈人也不幸跌死了，丈母娘哭得死去活來。阿三知道了，急忙趕去勸解她。

　　他記得上次寬慰岳父的話備受鄰人的稱讚，於是就照樣對丈母娘說：「請別難過，畜生跌死總是有的。如果有人要買的話，就賣幾個錢；沒人買就剝下皮，宰來自己吃吧！」

　　丈母娘聽到阿三這句話，大概沒病也會氣到剩半條命。

　　幽默的人的確受人歡迎，但是，並非所有場合都適用。某些

時候，幽默可以安慰一個傷心的人，讓他破涕為笑，忘卻傷悲，有時候卻會造成反效果。什麼可以說，什麼不能說，都必須視當時情況而定。

除此之外，還必須考量自己和受話者的幽默程度。

如果對方是個嚴謹且不懂得欣賞幽默的人，在你看來覺得是幽默的回答，卻可能被對方視為不尊重的表現。

在對的時間，幽默可以幫助自己得到事半功倍的效果；在錯的時間，就會為自己惹上麻煩。

為了讓每次幽默都有一個歡樂的結果，所以還是必須花點心思，注意「幽默時間點」的這個問題。

加強功力，就有欣賞幽默的能力

幽默有不同層次，欣賞的角度自然也不同。每個人都有自己的「口味」，有的人喜歡味道重，有的只愛清淡。

小玲的未婚夫是個美國人，勉強能聽和說一些簡單的華語。

有一天，未來的丈母娘請他到家裡吃飯。席間，丈母娘說了一個外國人講中文的笑話：有一個美國人在台灣被狗咬了一口，想向狗主人表示抗議，於是用有限的字彙對狗主人說：「你的狗在我的腿上『吃飯』。」

結果小玲的未婚夫一副若有所思的樣子，然後恍然大悟說：「對了！不是『吃飯』，應該是『吃肉』才對！」

幽默可分為「表達幽默」和「欣賞幽默」，有一種人，一點喜感也沒有，言行舉止極為正經八百，但是，當別人說笑話的時候，他卻聽得懂，並且以笑聲回報，也可以稱他非常有幽默感，是一個有「欣賞幽默」能力的人。

「欣賞幽默」和「表達幽默」同樣重要，如果只有製造幽默，卻沒人欣賞，那麼「幽默」也會少了一點顏色。

從前有個差役，腦袋不但不靈光，還有點癡呆。

　　有一天，他要押解一個犯了罪的和尚到府衙去，上路之前，怕自己的記性不好而會漏了東西，便將人和物件一一詳細查點之後，編成兩句順口溜：「包裹雨傘枷，文書和尚我。」

　　一路上，差役一邊走一邊反反覆覆唸著這兩句話，和尚聽了，知道他是個傻瓜，心裡暗暗高興，想出逃脫的方法。

　　到了傍晚，他們在一家小酒店夜宿。

　　和尚在用餐之際，用酒將差役灌得爛醉如泥，接著剃光他的頭髮，然後取下自己脖子上的木枷套在差役頭上，趁著黑夜悄悄逃跑了。

　　第二天早上，差役醒來第一件事，就是按順口溜來清點人和物件。

　　他一邊查，一邊說：「包裹，有。雨傘，有。文書，有。枷……枷呢？」他一摸頸上的枷，才放心地說：「有！」

　　突然，他像是發現了什麼似的，驚叫了起來：「哎呀，和尚不見啦！」

　　過了一會兒，他摸著自己光禿禿的腦瓜，驚喜地說：「還好，和尚還在哩，只是我不見了！」

　　看完這個小故事，不知是否也有人像上述的差役一樣，摸不著頭緒、搞不清狀況呢？差役的愚癡，竟然可以「把自己弄丟」！

　　幽默有不同層次，欣賞的角度自然也有所不同。

　　每個人都有自己喜歡的「口味」，有的人喜歡味道重，有的只愛清淡。幽默也有很多種變化，就像「千面女郎」般，讓人捉摸不定。

　　幽默是一種圓融處世的藝術，真正懂得幽默的人，絕對不會指責他人沒有幽默感，即使對方聽不懂自己的幽默。在這個時候

只能勉勵自己，加強幽默功力，「因材發功」，讓每一個人都聽得懂。

　　相對的，在培養自己的「表達幽默」時，也別忘了，「欣賞幽默」也是提升自己境界的關鍵點。

童言童語讓人無法抗拒

孩子的世界很單純，尚未接觸混亂的思想，所以能坦誠待人，毫不掩飾地說出真相，童言童語常叫人感動。

父親問兒子：「今天怎麼沒去上學呢？」

兒子：「學校今天開始放暑假。」

父親：「喔！那成績單應該出來了吧？拿來給我看看。」

兒子將成績單遞過去。

父親不悅唸著：「大笨蛋一個，又是零分。」

兒子不高興地說：「我只有一個零分，坐在我後面的王小明考了一○○分，比我還多一個零呢！」

父親聽了哭笑不得，也不再生氣了。

孩子的世界很單純，尚未接觸社會複雜、混亂的思想，所以能坦誠待人，毫不掩飾地說出真相，童言童語常叫人感動。只要我們能像孩子般，擁有足夠的好奇心和觀察力，模仿他們的思維方式，就能產生強烈的幽默效果。

德國作家大仲馬四歲的時候，父親去世了，母親在丈夫斷氣之後傷心走出房間，看到大仲馬拖著一枝很重的長槍，順著台階

往閣樓爬。

「你要到哪兒去呀，孩子？」母親問。

「到天堂去呀。」大仲馬回答。

「哎呀，你到天堂去幹嘛？」母親驚訝地問。

「跟上帝決鬥去！」大仲馬說：「他把我爸爸弄死了。」

週末下午，媽媽帶著還讀幼稚園中班的兒子到公園散步，那天剛好有多對新人來拍婚紗照，小男孩高興地跑來跑去，看看誰的新娘漂亮。

突然，他哭著跑回來，一邊跺腳一邊說：「媽媽，漂亮新娘都被別人娶走了，以後我怎麼辦？」

媽媽見狀，摟著他安慰說：「別擔心，等你長大以後，會有更漂亮的新娘子等著嫁給你。」

小男孩止住淚水說：「她真的會等我長大嗎？那要等多久？」

女兒：「爸爸，你有幾個名字？」

父親：「我只有一個名字呀！」

女兒：「爸爸不可以說謊喔！你明明還有另一個名字。」

父親：「什麼名字啊？」

女兒：「淘氣啊！」

父親：「淘氣？誰告訴妳的？」

女兒：「我們老師啊！今天早上上課的時候，老師在全班同學面前說我是『淘氣』的孩子。」

許多有趣的故事，常常和兒童相關，他們用自己一套想法看

待生活，看似「責備」的話語，在孩子心中卻可能變成另一種解釋。

　　若是大人也能以同樣的角度照顧他們，就能享受孩子帶來的歡欣、快樂，童心，是上天賜給人們最可貴的禮物。

　　兒子：「爸爸，護士阿姨打針前為什麼要用棉花球擦我的屁屁呢？」

　　父親：「那是酒精啊！她們要先讓你的屁股喝醉，再打針就不痛了。」

　　兒子：「可是打針時，我還是痛啊。」

　　父親：「那是你的酒量大。」

　　父親的最後一句話，雖然超越孩子的世界，卻有孩子般快樂的情趣，年紀再大，也抹滅不了「童真」的存在。

輕鬆看待生命中的挫折

同樣的事情，看在不同人的眼裡，便會有不同
的感受，只要能換個角度來想，不愉快的事情
也能釋懷。

　　有一則鐵幕笑話說，某個蘇聯頭子死後下了地獄，魔鬼帶他
兜了地獄一圈，要他選擇自己的懲罰方式。

　　第一個房間裡，他看到史達林被吊在滾燙的油鍋上，濺起的
熱油燙得史達林哇哇大叫。蘇聯頭子看了一眼就渾身發抖快步離
開，不敢繼續看下去。

　　到了第二個房間，兩個全身肌肉的惡鬼正用皮鞭狠狠抽打著
大獨裁者希特勒，蘇聯頭子看了依然臉色蒼白離開。

　　在第三個房間裡，他看到床上坐著赫魯雪夫和法國性感尤物
碧姬芭度，蘇聯頭子於是說：「我願意接受赫魯雪夫所受的懲
罰。」

　　「不行，」魔鬼回答：「在這裡受懲罰的不是赫魯雪夫，是
碧姬芭度。」

　　中國民間故事「十兄弟」中，十個兄弟各擁有不同的特質，
例如鐵骨、銅皮、愛熱、長腿、愛哭……等等。

　　某次，十兄弟為了治母親的病得罪了刻薄的縣太爺，而遭到

懲罰。結果不管是斬首、剝皮、下油鍋等方式，都沒辦法傷他們一根汗毛。因為鐵骨砍不斷頭、銅皮剝不了皮、愛熱下油鍋當游泳……，從不同的角度來看，所謂的懲罰對他們來說，甚至是一種享受。

這個故事說明了，如果沒辦法對症下藥、抓住重點，就無法達成目的。

唐朝時候，有個皇族後裔叫李載仁，生性遲鈍，為人迂腐又迷信，認為吃了豬肉會倒楣，所以從來不吃。

有一天，上司傳令召見他，才剛剛騎上馬，兩個隨從不知為何原因打了起來，李載仁怒不可遏，立即命人到廚房把大餅和熟豬肉取來，喝令這兩個人面對面吃下去。

直到他們吃完後，李載仁才鄭重其事地告誡他們說：「念你們初犯，今天從輕處理。如果日後膽敢再打架，本官就在豬肉裡面加上酥油罰你們吃，看你們怕是不怕？」

當隨從發現吃豬肉就是對自己的懲罰時，大概恨不得能被多懲罰個幾次，最好還能在豬肉淋上香噴噴的酥油吧。

大多數的人看事情，都是以自己的角度為出發點，殊不知同樣的事情，看在不同人的眼裡，便會有不同的感受，只要能幽默一點，換個角度來想，再怎麼不愉快的事情也能釋懷。

有一個成績一向名列前茅的小女孩突然退步了好幾名。母親問她：「妳這次考試怎麼退步那麼多呢？」

誰知小女孩卻回答：「這樣不是很好嗎？下次考試時，我就

能得到最佳進步獎啊！」

　　小女孩這樣的回答，讓人忍不住露出笑容，爲的是小女孩的
天眞和豁達。這樣的心態多麼難能可貴，卻也是現代人普遍缺乏
的。

　　只要能用輕鬆、幽默的角度來看待生命中的挫折，生活會更
愉快。

用幽默打破親子間的沈默

用幽默來代替責備和訓話，讓幽默蘊藏的智慧、愛心和關懷，直達孩子心裡，無形中也能打破親子間的「沈默」。

　　小寶大學唸書時，一向不用功，成天愛玩，考試總是不及格。父親十分擔憂，寫了一封信對他說：「如果你的成績考到九十分，我送你一輛價值一百萬元的新式高級跑車作為獎勵。」

　　考完試後，小寶回了一封信給父親：「親愛的爸爸，我決定還是考不及格，賺錢很不容易，我不忍心讓你破費。」

　　親子溝通的問題普遍存在，上一代的教育方式，或者當地民風，對於親子間的相處都有影響，但是不可否認的，每一個時代還是有成功的親子關係。

　　有一個明星高中的女學生，因為成績退步到第四名，害怕被家長責備而偽造簽名，父親發現後，憤而報警。

　　從這樣誇張的行為，可想見家長對成績的迷思，以及帶給孩子什麼樣的壓力了。

　　「望子成龍，望女成鳳」是每個做父母的希望，但是要培育出優秀的下一代，不是簡單就可以達到。

　　幽默的溝通方式，能消除代溝，並讓孩子更容易接受。

從前，有個人開了一個藥鋪，剛開店不久，就有事必須出遠門。臨行前，他特別交代兒子要好好看守鋪子。這天，恰巧有個顧客要來買牛膝和雞爪。藥鋪兒子的腦袋不太靈光，大字更不認識幾個，當然也看不懂藥名，更糟糕的是，他甚至不知道牛膝和雞爪都是中藥草名。

　　他翻遍了藥櫃，怎樣也找不到「牛膝」和「雞爪」，突然靈機一動，跑到院子裡，將家裡那頭耕牛的一條腿砍下來，又把正在孵蛋的母雞兩隻腳剁下，然後交給顧客。

　　父親回來後，問他賣了什麼藥，他得意洋洋地將過程一五一十告訴了父親。

　　父親聽了，不禁啞然失笑說：「幸好沒有人來買知母、貝母，不然，你就把你媽媽都賣掉啦！」

　　從前有個呆子名叫阿慶，十幾歲了還是愣頭愣腦，什麼也不會做。有一天早上，父親叫他上山，砍幾對杈杌做板凳腳，誰知一去，竟到半夜才回來。

　　父親見他空手回來，連一塊杈杌也沒有砍，便生氣地說：「你到哪個地方遊蕩去了，怎麼這時候才回來哪？」

　　阿慶委屈地回答說：「山上被我全找遍，連腿都快跑斷了，哪裡還有閒工夫去玩耍呀？」

　　父親不解問：「難道山上一個杈杌也沒有嗎？」

　　阿慶答道：「杈杌山上多極啦，可全都是向上長的哩。因為要做板凳腳，我就專找朝下的，但山上偏偏不長這種杈杌，所以就沒有砍回來了。」

　　父親聽了好氣又好笑，也無力再唸他了。

　　幽默不僅僅在人際交往間能發揮作用，在家庭中更是不可或缺的一環。父母和子女的關係匪淺，一但弄個不愉快，關係就會弄僵。

　　用幽默來代替責備和訓話，讓幽默蘊藏的智慧、愛心和關懷，直達孩子心裡，無形中也能拉近彼此的關係。幽默可以打破親子間的「沈默」，讓父母親不只是父母親，還是孩子的好朋友。

12.

不要讓自己的幽默太過火

輕鬆生活不代表可以隨性作為，

幽默也不可過火，唯有能保有自己的真性誠心，

才能期待良善社會環境的建立。

真心對人，才得人真心以對

要求別人付出的時候，請先想想你是否也願意付出吧！若不能主動張開雙手，又如何能得到他人的擁抱回應？

如果你是一個喜歡分享愛的人，一定認同這個道理：「愛人者人恆愛之，敬人者人恆敬之。」

這絕非陳舊的老話，而是永恆不變的真理。

這社會一直都是公平的，不會有人只能一味地付出，而得不到回饋，所以別擔心你的付出得不到人們的善意回應，首先應該擔心的是，自己待人的心是否真誠無愧？

佐藤家與青木家是多年的老鄰居，說他們感情好也不是，說他們感情不好又不大對，因為他們偶爾還是會互相「尋求幫助」。

好像這天，佐藤先生叫傭人去向青木家借錘子，傭人立即到青木家敲門：「您好，我們家的主人想向您借把錘子。」

「不知道你們要敲的釘子是鐵的，還是木頭的？」青木先生問。

傭人說：「是鐵釘子。」

一聽到是鐵釘子，青木先生便說：「鐵釘子啊！唉呀！那真

不巧，我們家的鐵錘剛剛被別人借走了。」

借不到鐵錘，傭人只能空手而回，如實地把經過告訴佐藤先生。

佐藤先生聽完傭人的敘述，忍不住大聲嚷嚷：「什麼，真沒想到這世界上竟有這樣的吝嗇鬼！借個錘子，還要問釘子是鐵的還是木頭的，真是莫名其妙。哼！有鐵錘也捨不得借，好像被我一用就會壞掉一樣。」

「沒辦法，我只好拿自己的錘子來用了。」佐藤先生說著，便轉身從自己的工具箱裡拿出鐵錘。

傭人站在一旁，無言以對。

這是一則非常有趣的故事，兩家人看似是感情和睦的老鄰居，實際上卻同樣的自私自利。說得好聽是「互相幫忙」，結果卻是「相互利用」，雖然可說人之常情，卻仍讓人頗感心寒。

人與人之間的互動，原本就存在著一些利益需要，然而，像佐藤先生這樣一心只想著佔人便宜的心態，必定不是每個人都能接受。

親愛的朋友們，在要求別人付出的時候，請先想想你是否也願意付出吧！若不能主動張開雙手，又如何能得到他人的擁抱回應？

想看見人們以笑臉相迎，別忘了自己的美麗微笑，希望人們能以真心對待，別忘了率先付出誠心。

用寬厚、幽默態度待人，必能得到肯定與回饋。

失戀是最好的成長試鍊

感覺不對了，就別再強求，學會放手，學會捨下，我們才能真正的打開心眼，去尋找真正屬於自己的伴侶。

你失戀了嗎？

若是，請認真感受此刻心境，因為聰明的人能從失戀的苦痛中，看清自己真正想要的愛情樂園，並找出更合適的愛人方式。

有個失戀的人正愁眉苦臉地向朋友訴苦：「我愛的人拒絕了我的求婚。」

「沒什麼，我告訴你，女人的話有時候得從反面理解，她說不，有時候是意味著好。」朋友如此安慰他。

「可是，她沒說不啊！」失戀的人說。

「不然她說了什麼？」朋友問。

「她說『呸』。」失戀的人說。

絕妙的一聲「呸」，雖然狠心，但倒也簡單明瞭。這樣的感情結束其實也算是一個好的結果，至少男人不必繼續愁眉苦臉地等待女人的回應，更不必空自期待美好的結局。

既然對方不喜歡，那就再找下一個戀人吧！愛情的道路上不

會只有一個選擇，眼前人若不是對的人，就別再癡纏了，不然會讓自己被困在愛情迷陣裡，遲遲找不到眞愛。

　　某間雜誌社正舉辦一場徵文活動，題目是：請以最短的文字，敘述你的一次戀愛經過。

　　不久，他們收到這樣一篇文章：「開始：心裡眼中只容得下一個她；過程中：母親叫我向東，情人叫我向西，我必定選擇向西；結局：愛人結婚了，新郎不是我。」

　　曾經執著的唯一，曾經以爲只有對方才有全世界，漸進至失去了愛人的心，這轉折的確折磨人。但往好處想，若能從中看見自己眞正的需要，相信未來的路仍有更多美好。

　　新郎不是我，正代表著與這份情感無緣，若是勉強求愛，最終一樣會走到不得不分手的路。畢竟愛情不是單一方的事，如果不是兩情相悅，即使郎才女貌也無法看見幸福。

　　心是騙不了人的，或許騙得了別人，但肯定騙不了自己。感覺不對了，就別再強求，學會放手，學會捨下，我們才能眞正的打開心眼，去尋找眞正屬於自己的伴侶。即便他們的答案很傷你心，也請別再傷心，而以感恩心面對，並以幽默解嘲，因爲走出錯誤的愛情，會更懂得什麼才是眞愛。

不要讓自己的幽默太過火

輕鬆生活不代表可以隨性作為，幽默也不可過火，唯有能保有自己的真性誠心，才能期待良善社會環境的建立。

維護社會環境，雖然人人有責，但我們絕不能只要求別人付出，卻忘了自己盡一份心力。

在責問別人為何不能為我們著想時，別忘了要先想想自己，是否也時時刻刻都能關照別人的需要。希望能打造一個互動良好溫馨的人際社會，別忘了先從自己開始。

舍監來到宿舍視察，正巧碰見學生們在屋裡燒煤烤肉。

「天哪！窗戶和大門都沒打開，你們難道不知道這樣做很危險嗎？」舍監非常緊張地說。

「太危險了！滿屋子充滿二氧化炭，要是再沒有氧氣進來，你們可要送命了。」他接著又恐嚇道。

看著舍監滿臉驚恐神情，其中一位學生笑著回答：「放心啦！我們是植物系的，會吸二氧化炭，吐氧氣。」

學生們自以為幽默地回應，卻無視於自身安全，從應答中我們不難看見他們責任心的不足，以及仍有待加強的生活態度。

　　一個無視自身安全的人，當然也不會顧及他人的安危，仔細想想，自己是否也抱持著相似的錯誤態度呢？

　　取巧容易，踏實難得，機巧雖然容易讓我們獲得成功，其中往往也存在著險境，好像下面這則故事。

　　兩位法學院的猶太學生正在爭論一個問題，其中一位學生認為，學習法典的時候是不可以抽煙的，而另一位學生則持相反意見。

　　他們各執己見，相持不下，最後只好找猶太拉比當裁判。

　　「拉比，我們在學習法典時能抽煙嗎？」持反對意見的學生先開口。

　　拉比聽了，生氣地說：「當然不行！」

　　這時，持贊同意見的學生走了過來，恭敬地對拉比說：「請問拉比，人們抽煙的時候，可以學習法典嗎？」

　　「當然可以。」拉比聽了，笑著裁決道。

　　換個方式說反而說服了拉比，然其中也存在著另一極為重要的寓意：試想，只懂鑽法律的漏洞，豈是社會之福？

　　人生只有一次機會，好像第一則故事，懂得自然律例的人卻選擇違反自然之則，讓自己陷入危險中，怎不愚笨？

　　又如第二則教事，身為未來律師，不懂直言誠實，卻想著玩弄巧智，這又豈是大眾之福？

　　人生能走往對的道路並不容易，稍有偏失便墮險惡之林，正因為如此，更要時時提點自己正確的生活態度與嚴謹的人生方向。

　　輕鬆生活不代表可以隨性作為，幽默也不可過火，唯有能保有自己的真性誠心，時時提醒看見正念心性，如此，才能期待良善社會環境的建立。

尊重別人等於尊重自己

學習尊重他人不難，而且相當必要。因為學會
尊重他人，也等於學會了尊重保護自己的智慧
和人格。

　　沒有人不希望時刻感受到別人的尊重，也沒有人喜歡自由與
自主權被侵犯。

　　所以，在觀想自己不喜歡的情況時，別忘了替換到他人身上，
因為人同此心，心同此理，期望別人尊重我們之前，不能忘了自
重。

　　有位美國太太正在英國旅行，這天她選擇搭火車前往目的
地，由於在位子上坐太久了，便起身走進了一間吸煙室，心想：
「那裡的空間比較大，應該比較舒服。」然而，很不巧的，裡面
有個英國紳士正在抽煙。

　　美國太太安靜地坐了一會兒，但坐越久便吸進越多的煙味，
讓她的身體越來越覺得不舒服。

　　為了阻止這位英國紳士繼續抽煙，她便開始故意打噴嚏和咳
嗽，以示對煙味的厭惡與不適。

　　然而，不管這位美國太太的動作或聲音多大，英國紳士始終
都未加理會，看起來根本不打算把煙斗放下。

　　最後，美國太太忍不住說話了：「先生，如果您是一位紳士的話，應當知道，在女士走進了這節車廂之後，您就應該把煙放下了。」

　　這位英國男子聽了，卻微笑道：「夫人，如果您是一位優雅夫人的話，也應當知道，當有位紳士坐在這裡抽煙的時候，您就不該再走進這節車廂了。」

　　你認為誰的說法才正確？還是你覺得兩個人都不對？

　　答案當然見人見智，然而若從尊重別人的角度來思考，明知該處是吸煙間，卻偏偏選擇走進的夫人，其實是不對的。吸煙區是癮君子們唯一的去處，當然要尊重他們的使用權。

　　既知自己不喜歡煙味，何不退回到屬自己的地方呢？

　　不難發現，現實生活中許多人也會犯下同樣的錯誤，把侵犯他人的自由視為理所當然，以為這樣做並無傷大雅，實則已損害了自己與他人之間的情誼。

　　學習尊重他人不難，而且相當必要。因為學會尊重他人，也等於學會了尊重保護自己的智慧和人格。這樣的人，當然較受歡迎。

心態決定事情的成敗

心態決定事情的成敗，處事只在態度，若不能
嚴謹進行，不能以正確的態度對待，與其行動，
不如不動。

工作成敗關乎態度，生活好壞也關乎態度。錯誤的態度常引
人走進生活危機，也常帶著人跨入險境。

跨出腳步之前，請先檢視我們的決心，也請先檢視你我的態
度是否認真。少了這些，想成功恐怕難如登天。

上級下了指示，要各省在某個期限內讓文盲消失，但是到了
期限的前兩天，有個人卻急匆匆地跑到村長那兒，說他還不識
字。

村長一聽急著跳腳，大罵道：「你說什麼？你會不會太過分
了！不識字為什麼不早說？只剩兩天時間而已，你知道嗎？」

這個人解釋道：「對不起，因為我腦袋笨啊！」

村長說：「那你要我怎麼辦？現在已經一個文盲都沒有了，
就只剩下你一個人，你真是搞破壞的！快快快，你快去找掃盲小
組，求求他們幫助你，也許他們能在兩天內教會你一些字，讓你
至少會一些字母。」

這個人聽了，搖頭說：「字母我早就認得了啊！每個人都只

教我這個，我看了都頭疼。」

村長聽了，忍不住問：「什麼？那你會寫自己的名字嗎？」

「會啊！自己的名字我當然會寫！」這個人自信滿滿地說。

村長一聽，立即鬆了一口氣：「那沒事了，你回去吧！這樣也想當文盲？還不夠資格啦！我看你已經能教書了呢！」

這看似有趣的故事，實則能引得人深刻省思。

為了迎合配合上級的目標，底下的人們努力地教人識字，然而最終結果，真完成了嗎？

恐怕非但沒有，情況還變得更糟，因為不正確的教育態度，不只給了人們錯誤的知識認知，還引導他們往向錯誤的方向思考。

在上者以草率的態度教育人民，還讓文盲者以為會幾個字母就能教書，一代一代傳遞下去，結果會是何種情況？想必無須猜想便能預見。

心態決定事情的成敗，處事只在態度，若不能嚴謹進行，不能以正確的態度對待，與其行動，不如不動。

積極學習，夢想才有意義

幽默看待磨難，多爭得一次學習機會，即使得
耗費氣力也值得，因為在那之後，終將換得更
豐盈的財富。

空有夢想，卻不知道積極行動，將會引人迷失方向。

心中有夢，記得積極前進，人生路似長猶短，邁出的腳步一
旦停滯，必然離夢想更遙遠。

一天，學生忽然對老師說：「老師，我常夢見我已經當上教
授了耶！」

老師聽了，微笑不語。

「老師，我要怎樣做才能讓夢想成真呢？」學生問。

老師依然面帶微笑，說：「很簡單，少睡覺。」

很簡單的答案，卻也是最中肯的答案。「少睡覺」，才能減
少「做夢」的時間，也才能把這些多出來的時間，踏踏實實地用
於學習上。

學習之路難以錢計較，只要我們能認真，少睡一分鐘，便能
多踏出一個成功腳步。同樣的，每花一分力，終將收得物超所值
的回饋。

若還不懂得這個道理，下面的故事也許可以給我們更多省思。

有個人想送他的兒子到學校念書，老師說：「好，我們可以收留他，不過你得交足二十法郎的學雜費。」

「二十法郎？這麼多啊！我可以用它來買一頭驢子了。」男子不捨地說。

老師看著男子，說：「假如你真的用這二十法郎去買頭驢，卻不讓孩子上學的話，那我保證，將來你家會有兩頭笨驢。」

許多人在衡量事物價值時，會習慣性地以金錢來計算，但你真覺得金錢真能估出事物的真正價值嗎？

聰明如你，想必早知道是估不出來的，因為萬事萬物皆有其有價與無價的一面。即使標價僅一塊錢，對喜愛的人而言就是價值非凡之物，反之，標示無價的物品，對使用不著的人來說，與垃圾場裡的廢棄品無異。

所以，別只想著那二十法郎，也別想著美夢，行動吧！

你我都知道，一個人的成就與學習機會是無價的，能為自己多爭取一些時間，自然多進一步。幽默看待磨難，多爭得一次學習機會，即使得耗費氣力也值得，因為在那之後，終將換得更豐盈的財富。

你也可以靈活運用的為人處世謀略

三國演義厚黑講義

The Wisdom of Three Kings

王照 ———— 編著

高爾基曾說：
在這一切都處於競爭和角逐的世界上，是沒有童話般的幻想和多愁善感存在的餘地。

確實，在這個瞬息萬變的現實社會，不時上演著鬥智鬥力的戲碼，每個人都無可避免必須面對劇烈的競爭，
以及對手的無情挑戰，必須學會靈活運用各種智慧，讓努力發揮最高效益。
兵不厭詐，敵人的戰術往往虛虛實實，因此，除了不斷增強本身實力之外，
更要多看各種參考範例，《三國演義》中的靈活思考與應變謀略，正是幫助你取得勝利的重要關鍵。

普 天 之 下 · 盡 是 好 書

普天 出版家族
Popular Press Family
http://www.popu.com.tw/

你不能不知道的為人處世厚黑兵法

孫子兵法
厚黑筆記

〈為人處世篇〉

亞里斯多德曾說：

人在最完美的時候，似乎是動物中的佼佼者，
但是，當他為了一己之私的時候，
便是動物中最差勁的東西。

確實如此，想在競爭激烈的現實社會存活，
想在人性戰場上克敵制勝，
必須懂得一些為人處世的厚黑手法，
才不會老是淪為被人坑騙、欺詐的對象。

不管做什麼事，一定要動動腦子多想想。如果你不願花點心思，
還自以為耿直、坦蕩，非但無法順利達成目的，
還會惹來各種意想不到的麻煩。

王照———編著

普 天 之 下 ‧ 盡 是 好 書

普天 出版家族
Popular Press Family
http://www.popu.com.tw/

讓 你 的 話 語 發 揮 最 高 戰 力

站在
THE ART OF
CONVERSATION
對方的角度
說話

陶然——編著

作家柯立芝曾說：

言語是人類心智的軍火庫，藏著以往的戰利品，
更藏著征服未來的武器。

要讓語言這項武器發揮最高戰力，就要懂得站在對方的角度，說對方最聽得進去的話語，間接傳達自己想要傳達的意思。
每個人都喜歡聽好聽的話，說好話絕對比做好事更容易達成溝通的目的；想成功，在溝通的過程中，
如何把話說到別人的心坎裡，絕對是必修的一門學分。
如果你不知道如何把話說進對方的心坎裡，非但無法達成自己的目的，而且還會使自己處處碰壁……

普 天 之 下 · 盡 是 好 書

普天 出版家族
Popular Press Family
http://www.popu.com.tw/

要做好人，先學會做聰明的人

你是好人，
還是蠢人？

ARE YOU
GOOD OR FOOL?

托爾斯曾說：

**想 做 個 人 人 稱 讚 的 好 人 ，
力 求 誰 都 知 道 自 己 是 個 好 人 ，
無 疑 是 最 愚 蠢 的 。**

確實如此，人往往為了面子和虛榮，強迫自己裝扮成好人的面目，以贏得別人的讚許，最後卻讓自己苦不堪言。
人生的陷阱無所不在，許多人被坑被騙，並不是他們的智商不足，而是他們一味想當個「**人見人愛**」的好人，
不管什麼人都不加提防，不管什麼事都不好意思拒絕，結果自然是一再被坑、被騙、被利用、被陷害，成了不折不扣的蠢蛋。

王渡————編著

普 天 之 下 ・ 盡 是 好 書

普天 出版家族
Popular Press Family

http://www.popu.com.tw/

生活講義

165

用幽默的心情，面對不如意的事情

作　　者　文彥博
社　　長　陳維都
藝術總監　黃聖文
編輯總監　王　凌
出 版 者　普天出版家族有限公司
　　　　　新北市汐止區康寧街 169 巷 25 號 6 樓
　　　　　TEL／(02) 26921935 (代表號)
　　　　　FAX／(02) 26959332
　　　　　E-mail：popular.press@msa.hinet.net
　　　　　http://www.popu.com.tw/
　　　　　郵政劃撥 19091443 陳維都帳戶
總 經 銷　旭昇圖書有限公司
　　　　　新北市中和區中山路二段 352 號 2F
　　　　　TEL／(02) 22451480 (代表號)
　　　　　FAX／(02) 22451479
　　　　　E-mail：s1686688@ms31.hinet.net
法律顧問　西華律師事務所・黃憲男律師
電腦排版　巨新電腦排版有限公司
印製裝訂　久裕印刷事業有限公司
出 版 日　2019 (民 108) 年 10 月第 1 版
ＩＳＢＮ◉978-986-389-679-1　　　條碼 9789863896791
Copyright◎2019
Printed in Taiwan ,2019 All Rights Reserved

國家圖書館出版品預行編目資料

用幽默的心情，面對不如意的事情／
文彥博編著.—第 1 版.—：新北市，普天出版
民 108.10 面；公分.－(生活講義；165)
ISBN◉978-986-389-679-1 (平裝)
CIP◉177.2

普天之下．盡是好書
普天 出版社
Popular Press